対馬10
五島1
平戸6
平戸新田1
長崎県
佐賀県
唐津6
小城7
佐賀36
蓮池5
鹿島2
大村3
島原7
福岡県
福岡47
久留米21
柳河12
三池1
熊本県
熊本54
熊本新田4
宇土3
人吉2
宮崎県
延岡7
佐伯2
臼杵5
府内2
岡7
森1
高鍋3
佐土原3
飫肥5
鹿児島県
薩摩77
宇和島10
島根県
浜田6
松江19
広瀬3
母里1
鳥取県
鹿野3
若桜2
鳥取33
岡山県
備中松山5
浅尾1
足守3
勝山2
津山10
新見2
岡山新田2
岡田1
庭瀬2
岡山32
鴨方3
香川県
丸亀5
高松12
徳島県
徳島26
高知県
土佐24
土佐新田1
兵庫県
豊岡2
出石3
柏原2
篠山6
三草1
三日月2
山崎1
安志1
姫路15
三田4
明石8
林田1
小野1
龍野5
赤穂2
岸和田5
伯太1
狭山1
大阪府
紀州56
和歌山県
田辺4

JN028319

シリーズ藩物語

高取藩

舟久保藍……著

現代書館

プロローグ

高取藩物語

大和国は、天皇の外戚として権力を掌握した藤原氏の氏寺で、大和国最大の荘園領主である興福寺が守護を自任して一国を治めてきた。興福寺の下級僧侶である衆徒と、藤原氏の氏社である春日社とその末社の神職が荘園の有力名主として徐々に力を付け有力国人へ成長してくると、国人同士の争いが頻発した。その期間は、建武の中興（後醍醐天皇が鎌倉幕府を倒して実現した天皇親政の政権。足利尊氏の離反を機にわずか二年余で瓦解した）のあと後醍醐天皇が南朝を打ち立てて南北朝が対立した時を起点とし、織田信長が大和を支配するまでと考えたとしても、実に約二百四十年に及ぶ。この間に大和四家と呼ばれる越智氏、筒井氏、十市氏、箸尾氏が頭角を現し弱小国人を従えながら大和国の覇権を争ってきた。これに終止符を打ったのが織田信長で、筒井氏を大和守護に任じ、豊臣秀吉の天下になると筒井氏は伊賀国（現在の三重県）へ移封され、越智氏をはじめ国人たちは滅亡した。

徳川家康の時代になり、かつて越智氏が勢力を誇った高取の地を

藩という公国

江戸時代、日本には千に近い独立公国があった

江戸時代。徳川将軍家の下に、全国に三百諸侯★の大名家があった。ほかに寺領や社領、知行所★をもつ旗本領などを加えると数え切れないほどの独立公国があった。そのうち諸侯を何々家家中と称していた。家中は主君を中心に家臣が忠誠を誓い、強い連帯感で結びついていた。家臣の下には足軽層★がおり、全体の軍事力の維持と領民の統制をしていたのである。その家中を藩と後世の史家は呼んだ。

江戸時代に何々藩と公称することはまれで、明治以降の使用が多い。それは近代からみた江戸時代の大名の領域や支配機構を総称する歴史用語として使われた。その独立公国たる藩にはそれぞれ個性的な藩風と自立した政治・経済・文化があった。幕藩体制とは歴史学者伊東多三郎★氏の視点だが、まさに将軍家の諸侯の統制と各藩の地方分権が巧く組み合わされていた、連邦でもない奇妙な封建的国家体制であった。

今日に生き続ける藩意識

明治維新から百四十年以上経っているのに、今

預けられたのは植村家政であった。植村家は、徳川家の祖である松平宗家五代長親に仕えた武将である。松平家（のちの徳川家）の家臣団の中でも古参の「安祥七譜代」の一家に数えられる。家康の祖父松平清康、家康の父松平広忠の窮地を救い武勇の家柄という栄誉を恣ほしいままにしてきた植村家は、石高は少ないものの大和国の重要拠点である高取藩を預けられた。

南に吉野、北に奈良と京都があり、大和国中を一望できる城は、南北朝時代に越智氏が、後醍醐天皇とともに戦った大塔宮護良親王の令旨を受けて築城したとされる。幕府は、武勇を誇る植村家を置くことで畿内の安定を保とうとしたのではないか。

植村家の治世は廃藩置県までの約二百三十年続いた。お家騒動や大規模一揆もない安定した治世は、初代藩主家政から十一代家貴まで、本家あるいは分家で後継を繋いできたこと、入封当初から大和国人たちの末裔などを家臣に召し抱え、家老は別として彼らを直臣と区別せずに扱ってきたからこそであろう。武勇だけでなく治世にも優れていた証左である。しかも同家は旧高取藩領である奈良県高取町で昭和から平成、令和時代に町長として政務を執ってきた。数ある大名家の中でも珍しいケースである。

でも日本人に藩意識があるのはなぜだろうか。明治四年（一八七一）七月、明治新政府は廃藩置県★を断行した。県を置いて、支配機構を変革し、今までの藩意識を改めようとしたのである。ところが、今でも、「あの人は薩摩藩の出身だ」とか、「我らは会津藩の出身だ」と言う。それは侍出身だけでなく、藩領出身も指しており、藩意識が県民意識をうわまわっているところさえある。むしろ、今でも藩対抗の意識が地方の歴史文化を動かしている。そう考えると、江戸時代に育まれた藩民意識が現代人にどのような影響を与え続けているのかを考える必要があるだろう。それは地方に住む人々の運命共同体としての藩の理性が今でも生きている証拠ではないかと思う。

藩の理性は、藩風とか、藩是とか、ひいては藩主の家風ともいうべき家訓などで表されていた。

〔稲川明雄（本シリーズ『長岡藩』筆者）〕

諸侯▼江戸時代の大名。
知行所▼江戸時代の旗本が知行として与えられた土地。
足軽層▼足軽・中間・小者など。
伊東多三郎▼近世藩政史研究家。東京大学史料編纂所所長を務めた。
廃藩置県▼藩体制を解体する明治政府の政治改革。廃藩により全国は三府三〇二県となった。同年末には統廃合により三府七二県となった。

シリーズ藩物語 高取藩——目次

これも高取

高取町周辺地図
京丹波町
南丹市
京都府
丹波篠山市
京都市
滋賀県
亀岡市
能勢町
三田市
向日市
大津市
猪名川町
豊能町
長岡京市
川西市
茨木市
高槻市
島本町
大山崎町
久御山町
宇治市
宇治田原町
八幡市
池田市
箕面市
枚方市
城陽市
西宮市
宝塚市
京田辺市
井出町
和束町
兵庫県
伊丹市
豊中市
吹田市
交野市
神戸市
摂津市
寝屋川市
精華町
木津川市
芦屋市
尼崎市
守口市
門真市
四条畷市
生駒市
大東市
大阪府
奈良市
大阪市
東大阪市
平群町
大和郡山市
八尾市
三郷町
斑鳩町
安堵町
天理市
松原市
柏原市
王寺町
河合町
川西町
藤井寺市
上牧町
三宅町
香芝市
広陵町
田原本町
堺市
羽曳野市
高石市
泉大津市
太子町
大和高田市
桜井市
大阪狭山市
富田林市
忠岡町
葛城市
橿原市
河南町
明日香村
千早赤阪村
御所市
高取町
貝塚市
岸和田市
田尻町
泉佐野市
和泉市
河内長野市
大淀町
熊取町
吉野町
奈良県
泉南市
阪南市
橋本市
下市町
五條市
和歌山県
かつらぎ町
黒滝村
和歌山市
岩出市
紀の川市
九度山町
天川村
高野町

第一章　高取藩の成立

初代藩主本多家の後、武勲誉高い植村家が二万五千石で藩主になる。

光雲寺山門（高取町越智）

中世から織豊時代の大和国

興福寺が支配する大和国は、国人同士が相争う騒乱が長く続いた。
高取を拠点とする越智氏は滅亡し、大和守護になった筒井氏もまた大和を追われる。
天下が豊臣家から徳川家へ移る時代の中、高取城は次々と城主が変わる。

高取城主越智氏の滅亡

中世、大和国は興福寺が支配してきた。しかし興福寺の衆徒(しゅと)★や国民(こくみん)★が力を付け、寺を凌ぐ有力国人★に成長してくると、興福寺は徐々に権力を失い支配力は低下の一途をたどった。戦乱の過程で弱小な国人たちは淘汰されていき、やがて越智氏(おちし)と筒井氏(つついし)が頭角を現す。越智氏は高取城を拠点に高市郡(たかいちぐん)（奈良県高市郡）などの大和中部地域を支配し、対する筒井氏は筒井城を拠点に大和郡山などの大和北部地域を支配していた。両者は大和国の覇権を巡って争い続けていたが、戦国時代には畠山氏の被官木沢長政(きざわながまさ)や三好長慶(みよしながよし)の重臣松永久秀(まつながひさひで)が大和へ侵攻し、越智氏、筒井氏を圧倒してきた。興福寺の弱体化により、大和国の支配を狙う守護大名や大和国人の争いが絶えなかったのである。

▼衆徒
下級僧侶であり興福寺の荘園を管理支配する荘官。

▼国民
藤原氏の氏神を祀る春日社とその末社の神職。

▼国人
ここでは名主のこと。

こうした大和国を制したのは織田信長であった。信長が国人筒井氏の当主順慶を大和国守護に任じ一国の支配を任せたことにより、越智氏は筒井氏によって滅ぼされている。天正十年（一五八二）、信長が本能寺の変で没し、豊臣秀吉の天下になると、秀吉の弟秀長が大和国・和泉国・紀伊国の三カ国の太守として大和郡山城へ入った。高取城は秀吉の家臣脇坂安治が城主となり、高市郡を中心に二万石を領した。脇坂安治は、元は明智光秀に仕えており、織田信長亡き後は豊臣秀吉に仕え数々の戦功を立てた武将である。高取城主であった期間はわずか二カ月で、淡路国洲本城へ加増転封した。

初代高取藩主、本多利朝

脇坂安治の後は秀長の家臣本多家が、利久（太郎左衛門）・利朝（俊政）・利家（政武）と三代にわたって高取城主となった。秀長の死後、二代利朝は秀保（秀長の嗣養子）に仕えた。秀保が死去すると秀吉に仕え、朝鮮出兵（文禄・慶長の役）では名護屋城（佐賀県唐津市）で小荷駄を務めている。慶長三年（一五九八）、豊臣秀吉が死去し徳川家康が勢力を拡大すると、利朝は豊臣家を離れて家康に付いた。

慶長五年（一六〇〇）、家康の軍勢が上杉景勝征伐のため関東へ向かった隙を突いて、石田三成らの豊臣勢が畿内の徳川方の城を攻略し始め、高取城へも約二千

大和郡山城（奈良県大和郡山市）

本多利朝の木像（壺阪寺／高取町壺坂）

高取藩主 本多家の歴代

	藩主名	受領名	石高	在封期間	没年	法名
初代	本多利久（太郎左衛門）	－	一万五千石	天正十七年（一五八九）～不明	慶長八年（一六〇三）一月十三日	碩学寺釈大安信居士
二代	本多利朝（俊政）	従五位下因幡守	二万五千石	不明～慶長十五年（一六一〇）	慶長十五年（一六一〇）閏二月八日	利生院殿月秀阿春大禅定門
三代	本多利家（政武）	従五位下因幡守	二万五千石	慶長十五年（一六一〇）～寛永十四年（一六三七）	寛永十四年（一六三七）七月十三日	雲竜院殿前拾遺因州大守空休道一居士

騎で攻め寄せた。利朝が主力を率いて出陣中のできごとで、残っていた家臣たちは、少人数ながらも城に拠って反撃し豊臣勢を敗走させた。その功績により利朝は一万石を加増され、二万五千石となって高取藩が立藩した。

慶長十五年（一六一〇）、利朝の跡を継いだ利家は、慶長二十年の大坂夏の陣で活躍した。家康の跡を継いで将軍となった徳川秀忠の覚えもめでたく、高取藩を二十七年間にわたって治めた。利家は囲碁の名人で、慶長十五年、駿河城で本因坊算砂★と対局し勝ちを得たと伝えられている。寛永十四年（一六三七）に跡継ぎがないまま病没したため、ここで高取藩本多家は断絶となった。

幕府領となり在番を置く

▼本因坊算砂
一五五九～一六二三。囲碁の四家元のひとつ本因坊家の初代。慶長八年（一六〇三）、家康の将軍宣下の際に林利玄らと碁技を後陽成天皇の上覧に供している。家康によって職業としての棋士の地位が確立され、碁界を総括する碁所を務め、権大僧都、法印となった。

その後、幕府は高取領を直轄地とし小出吉親（丹波国園部藩★初代藩主）・桑山一玄（新庄藩★三代藩主）へ在番★を、堀直景（旗本）に目付役を命じた。寛永十七年三月、九鬼隆季（丹波国綾部藩★初代藩主）・谷衛政（丹波国山家藩★二代藩主）へ在番の交替があり、目付★役も堀直景に代わって本郷勝吉（旗本）が寛永十五年十一月に赴任した。ついで寛永十六年十月、本郷勝吉に代わって川勝広綱（旗本）が目付役となり、寛永十七年十二月まで務めた。このように高取藩の廃藩後は、寛永十七年まで幕府領時代が続いた。

▼園部藩
京都市南丹市にあった藩。

▼新庄藩
奈良県葛城市にあった藩。

▼在番
大名の改易や領地替えの際に、ほかの大名が一時的に城を守る任務。

▼目付
旗本、御家人の統率や政治の監察を行う。

▼綾部藩
兵庫県綾部市にあった藩。

▼山家藩
兵庫県綾部市にあった藩。

②武功忠節の植村家

徳川家康の祖父松平清康と家康の父松平広忠に仕えた植村氏明は二度、松平家の危機に居合わせ功を挙げ、当家随一の武功忠節の者と讃えられた。家康から偏諱の「家」字を賜り、植村家は代々「家」を通字とした。

安祥七譜代の植村家

植村家の祖は、清和天皇の孫で美濃国に居住していた土岐持益（ときもちます）である。遠江（とおとうみの）国（くに）上村（静岡県浜松市）へ居を移し、地名にちなんで「上村」または「植村」と称した。その後、植村持益は三河国へ移り、松平宗家五代長親（ながちか）の家臣となった。徳川家の祖である松平宗家の三代信光（のぶみつ）が松平郷（愛知県豊田市）から安祥（あんじょう）（愛知県安城市）へ進出し、七代清康（きよやす）（徳川家康の祖父）が岡崎（愛知県岡崎市）へ拠点を置くまでの約五十年の間に松平家家臣となった家は「安祥七譜代（あんじょうななふだい）」と呼ばれる。「安祥七譜代」は徳川家古参の家臣団（『柳営秘鑑』）で、酒井・大久保・本多・阿部・石川・青山・植村家とされている。

松平清康の仇を討つ

二代植村氏義（うじよし）は、東本郷村北浦（ひがしほんごうむらきたうら）（愛知県岡崎市東本郷町）に約三〇〇坪の本郷城を築き拠点とした。三代氏明（うじあき）は、永正十七年（一五二〇）に本郷城で生まれ、松平宗家七代清康（徳川家康の祖父）に仕えた。清康は三河国の大半を治め、尾張国を支配する織田信秀（おだのぶひで）（織田信長の父）を脅かす勢いであったが、天文四年（一五三五）、守山城★攻めの陣中で家臣阿部正豊（あべまさとよ）に暗殺される事件が起きた。十六歳の氏明はこの時、清康の刀を持って側に控えており正豊をすぐさま討ち取った。この功績により氏明の名は広く知れ渡った。大久保彦左衛門の『三河物語』によると、正豊を討った時「主君の敵を討ち取った今、追腹を切って黄泉の御供をせん」と腹を切ろうとしたが、周囲に「清康が亡くなった今、すぐに織田信秀が虚をついて押し寄せてくるだろう。岡崎に残された清康の子松平広忠（まつだいらひろただ）を守って戦うべきである」と諭され思い留まったという。

松平広忠の危機を救う

清康を失い岡崎城★へ撤退した松平勢は清康の長子広忠を立てて結束を保った。

本郷城跡に建つ植村氏明生誕地碑（愛知県岡崎市）

▼守山城
愛知県名古屋市守山区市場にあった城。織田信秀の弟信光の居城で、松平清康が攻略中、陣中で殺害される守山崩れが起こった。桶狭間の戦いの後、廃城となった。

▼岡崎城
愛知県岡崎市にあった城。三河守護代西郷氏の居城で、松平清康が城主となって以後、代々松平家の居城となった。徳川家康が誕生した城。

まもなく織田信秀が岡崎城を標的にして三河へ侵攻し約八千人で大樹寺へ布陣すると、松平勢は約八百人で井田城★に布陣した。松平勢は獅子奮迅を働きで織田勢を退けた。氏明も数多の敵を討ち取る活躍をみせたとされる（井田合戦）。

天文十四年（一五四五）、松平広忠が家臣岩松八弥に刺される事件が起きた。広忠を刺した時、岩松八弥は酒に酔って狂乱していたとされる。偶然そこに居合わせた氏明はとっさに八弥に組み付いた。松平信孝（清康の弟）が駆け付け八弥に向けて槍を構えたが、氏明と八弥が取っ組み合っていたために狙いが定まらず躊躇していたところ、氏明は「我とともに突き殺されよ」と叫んだという。信孝が八弥を槍で突いた隙に氏明は首を討ち取った。

氏明は一命を取り留めた広忠から「当家随一の武功忠節の者」と評され、一文字の家紋を拝した。以後、それまで使用していた桔梗紋を半分にして一文字を付けた「丸に一文字割桔梗」を植村家の家紋とした。『改正三河後風土記』には「誠に冥加の勇士なり」と記されている。二度も主君の危機に居合わせ、いずれも敵を討ち果たした氏明は「松平家（徳川家）に凶事ある時、植村家あり」と世間の評判になったという。

▼井田城
愛知県岡崎市井田町にあった城。

清洲同盟で信長に認められる

植村家の家紋の
丸に一文字割桔梗

氏明の長男栄政は、天文十年（一五四一）に生まれた。幼名を新六郎という。松平広忠の長男竹千代（のちの徳川家康）が今川家の人質として駿府へ赴く際、九歳でその御供に加わった。家康の苦難の人質生活をともにし、以後も数々の戦で軍功を立てた。特に三河一向一揆★では、敵対した蜂屋貞次★に挑み一歩も引けを取らなかったという。

こうした戦功によって家康から軍配団扇と偏諱の「家」字を賜った栄政は、家政（家存）と名乗った。これ以後、植村家の嫡男は代々家を通字とした。「和州高取城主植村家記」には「松平の姓を与えたいところであるが、既に武勇の家として植村の姓は天下に鳴り響いている。それを代えることはできないため、偏諱を与える」と家康の言葉があったと記されている。

永禄五年（一五六二）、家康と織田信長の間で清洲同盟が結ばれることになり、家政は家康の供をして清洲城★へ入城した。家康の刀を捧げて本丸の会見場に入ろうとしたところ、周囲の者から咎められた。家政は「主君の刀を持っていることが何の怪しいことがあろうか」と答えて、堂々と入ったという逸話がある。植村家の評判を聞いていた信長は「樊噲の鴻門の会★に劣らず」と家政の態度を称賛し褒美として行光の刀を授けた。その後、酒井忠次・石川家成・石川数正とともに家老となり家康を支えてきたが、天正五年（一五七七）に三十七歳の若さで死去した。

▼三河一向一揆
永禄六年（一五六三）、三河国岡崎周辺で起こった一向宗門徒の一揆。三河支配を進める徳川家康の支配に抵抗したもので、徳川家家臣も加わっていたため、家康は鎮圧に手間取った。

▼蜂屋貞次
一五三九～一五六四。徳川家康の家臣。三河一向一揆では門徒側に付いて家康と戦い、一揆側の敗北によって家康に降った。

▼清洲城
愛知県清須市にあった城。織田信長の居城で尾張の中心地として栄えた。徳川家の時代になり名古屋城が築城されると、城下町がそのまま名古屋城下へ移転される「清洲越し」が行われ、城は廃城となった。

▼鴻門の会
紀元前二〇六年の、秦打倒と次の覇権を争った楚の武将項羽と漢の武将劉邦の会見。項羽は会見場で劉邦の暗殺を謀ったが、劉邦は樊噲の機転で逃れた。

家政（家存）の長男は家次といい、家康の長男信康附となり小姓を務めた。信康が信長の命で自害させられると牢人となり不遇の時を過ごした。その後、家康の側近である榊原康政の推挙で家康の家臣に戻り、上野国邑楽郡（群馬県館林市）に五百石の領地を拝領した。小牧・長久手の戦いで活躍するなどしたが、慶長四年（一五九九）、三十三歳で死去した。

徳川秀忠の宇都宮城脱出

家次の長男家政は、十一歳で家督を継ぎ徳川秀忠の小姓となった。慶長十三年（一六〇八）、徒頭★となり従五位下志摩守に叙任された。大坂の陣で秀忠に従って出陣し斥候を務め、その功績で千石の加増があり出羽守に改めている。

氏明が清康・広忠の二代に仕え主君の敵を討ち果たしたように、家政にも同じく主君を守った話が『藩翰譜』★に記されている。それは「ある人の物語せられしは」と前置きがあった上で、次のような話となっている。

元和八年（一六二二）、家康の七回忌で日光東照宮を参詣するため二代将軍秀忠は、本多正純の宇都宮城★に宿泊をした。その夜、植村家政は急きょ秀忠の寝所へ伺候した。老中土井利勝に、夜更けに伺候する訳を問いただされ「何やら胸騒ぎがして眠れず、怪しく思ったので主君の様子を伺いに来た」と話した。利勝は、

▼徒頭
将軍の身辺警護の任務を行う職。

▼藩翰譜
新井白石が編纂した、江戸時代初期の大名三三七家の系譜や伝記集。

▼宇都宮城
栃木県宇都宮市にあった城。中世は宇都宮氏の居城で、北関東支配の中心であった。本多正純が入城して城の改修と城下町を整備し、徳川将軍の日光社参の宿泊地となった。

本多正純が城内で秀忠の暗殺を計画しているとの情報を摑んでおり、内密に宇都宮城から出る準備をしていたところであった。家政の心掛けに感心した利勝は、事情を打ち明けて家政も供に加えると、夜のうちに秀忠を城から脱出させたという。

本多正純は、秀忠暗殺計画を含めた全一四カ条の罪を問われ、改易処分となった。この事件は宇都宮騒動と呼ばれる。宇都宮城に吊り天井を仕掛けて秀忠暗殺を企てたとされるが、脚色があるにせよ、こういった場面に家政が登場するのも主家の窮地を救ってきた植村家ならではである。

植村家略系譜

- 氏明（うじあき）（栄安（よしやす））
- 家政（家存（いえさだ））
- 家次（いえつぐ）
- 高取植村家初代 家政（いえまさ）
- 二代 家貞（いえさだ）
- 三代 家言（いえのぶ）
- 四代 家敬（いえゆき） 家言の兄 政成の長男
- 五代 家包（いえかね） 家政の二男 政春の孫
- 六代 家道（いえみち） 家敬の四男
- 七代 家久（いえひさ）
- 八代 家利（いえとし） 家道の四男
- 九代 家長（いえなが） 家道の二男
- 十代 家教（いえのり）
- 十一代 家貴（いえたか） 家長の二男
- 十二代 家興（いえおき） 肥前国大村藩主 大村純昌（すみよし）の十一男
- 十三代 家保（いえもり） 近江国膳所藩主 本多康禎（やすつぐ）の七男
- 十四代 家壺（いえひろ） 播磨国山崎藩主 本多忠鄰（ただちか）の六男

高取藩を拝領、入封する

植村家が将軍家光から高取藩を拝領し、二万五千石で再び立藩される。

上野国からの引っ越し、新規家臣の取立、町割り、城の修復と、植村家のカラーが打ち出されていく。

植村家次・家政の重臣林家と中谷家は引き続き両翼として主家を支えた。

高取藩が再立藩される

上野国邑楽郡を領していた家政は、寛永二年（一六二五）に将軍家光附となり大番頭（おおばんがしら）★を務め三千五百石を加増されている。寛永十年には四千石を加増され計九千石となった。この年、品川で番士たちの馬揃えが行われ、家政の出で立ちが際立って華やかで堂々としており馬も見事な逸物であったことから、家光から褒詞を受けている。

寛永十七年（一六四〇）十月、三代将軍徳川家光から高取藩入封を命じられた家政は、一万六千石が加増され計二万五千石で高取藩主となった。城引き渡し業務に派遣されてきた目付の石川貴成（いしかわたかなり）★のもと、高取の幕府領地は植村家へ引き渡され再び高取藩が立藩された。以後、植村家は一度も転封することなく十四代にわ

▼**大番頭**
江戸城、二条城、大坂城の警備をし、有事には将軍の本陣を警護する大番組の長。大番頭の下に大番組頭があり、番士たちを統率する。

▼**石川貴成**
旗本。知行高二千石。小姓・書院番・使番などをへて、城引き渡しの目付や国目付などを務めた。

たって廃藩置県まで治めた。

家光は、石高が少ない地を与えることを詫び、家政が患っていることを気遣い「追って取り立てるので、今は療養に専念するように」と言い、高取城の修復は、許可を得ず行ってよいとの許可を与えた。「和州高取城主植村家記」には、家光に侍していた大老の酒井忠勝（若狭国小浜藩主）が「国郡を拝賜した諸侯は多いが、これほど懇厚な言葉をかけられたのは今まで聞いたことがない」と嘆息したことが記されている。

入封と町割り

高取藩へ出発するにあたり、家政は、品川宿で幕府役人たちの見送りを受けた。小幡景憲★の甲州流軍学の備立で行列を組んだ家政は、家紋を染めた緋緞子の直垂に真紅の大房の付いた金の玉数珠をかけ、熊坂頭巾を被った出立であったと伝えられる。東海道を進んだ家政は伏見（京都市伏見区）、奈良（奈良市）を経由し、八木村★（橿原市）で威儀を正すと、寛永十七年（一六四〇）十一月、高取城の城下町である土佐町へ入った。

城下の商家和泉屋に一旦入り城請取の儀をすませると、家臣の村田権左衛門を普請奉行に任命し家中の屋敷割に取り掛かった。家政は二の丸へ入り、中谷家

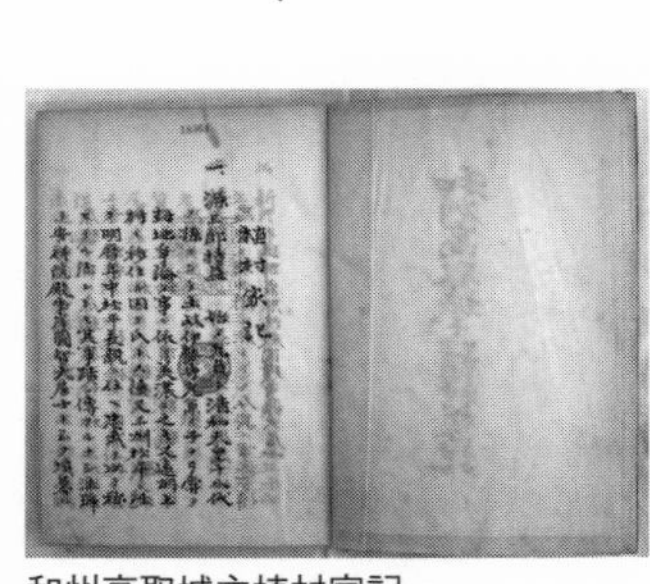
和州高取城主植村家記
（奈良県立図書情報館蔵）

▼小幡景憲
一五七二～一六六三。甲州流軍学の祖。『甲陽軍鑑』の増補集成を行ったことでも知られる。

▼八木村
奈良県橿原市八木町。飛鳥京から難波京を結ぶ横大路（伊勢街道）と、奈良盆地を南北に通る下ツ道（中街道）の交差点であり伊勢参りや大峯山の参詣者で賑わった。

・林家の両家老は千石を与えられ、中谷家は壺坂口廓に、林家は三の丸にそれぞれ屋敷を拝領し、家中のすべてが城内の屋敷へ入った。

植村家の家臣団

家臣団は、三河や関東から家政に従ってきた者と、入封後に召し抱えられた者に大別できる。急な加増にあたり植村家の直臣だけでは足らず、大番頭の配下の与力衆を新たに加えて、江戸から計七十人余りを連れての入封となった。元大番頭の与力衆は、橘文右衛門・和田嘉右衛門・曽根勘兵衛・伊藤八右衛門・田嶋源右衛門・中谷新左衛門・林小左衛門・岡野伊右衛門・桐木与右衛門・石崎九郎兵衛の十人で、直臣に取り立てた。それでも二万五千石の領地を治めるには足らず、道中で人を雇い、高取へ入封してからは、越智氏など帰農していた大和武士たちの末裔やその家臣たちを組み入れた。

家格によって就ける役職や御殿での席順も決められており、中でも植村家が上野国邑楽郡を領していた時代から、代々主従を超えた格別な存在であったとされる中谷家・林家の両家老は特別な扱いがされた。

家老中谷家

中谷家の祖は、常陸国府中城主大掾家の重臣であった。天正十八年（一五九〇）、豊臣秀吉による小田原征討で大掾家が滅亡すると、中谷家十五代の泰照は流浪した。その後、甘楽郡を領していた植村家次と懇意になり、家次は泰照を重んじ客分として遇した。泰照の子貞照は、植村家と主従関係を結び家老になり、貞照の子貞房も家老を務め四百石の知行を得ていたが、植村家政が二万五千石の高取藩主となるにあたり、千石へ加増された。

後年、中谷家の当主中谷清右衛門は、但馬国豊岡藩（兵庫県豊岡市）家老石束毎公の姉妹である香を娶った。香の姪（毎公の娘）理玖は、播磨国赤穂藩（兵庫県赤穂市）家老大石良雄（内蔵助）に嫁いでおり、高取藩家老中谷家・豊岡藩家老石束家・赤穂藩家老大石家は親戚となる。

元禄十四年（一七〇一）三月、赤穂藩三代藩主浅野長矩が、江戸城で吉良義央に斬り付ける事件を起こし、長矩は切腹となり浅野家は改易となった。大石良雄は、妻理玖や長男良金（主税）らの家族を理玖の実家石束家へ預け、赤穂藩の残務処理にあたった。同年七月に山科（京都府京都市）に居を構え家族を迎えたが、翌元禄十五年に良金を除いて家族を絶縁し石束家へ帰らせた。

中谷家の墓所（長円寺／高取町上子島）

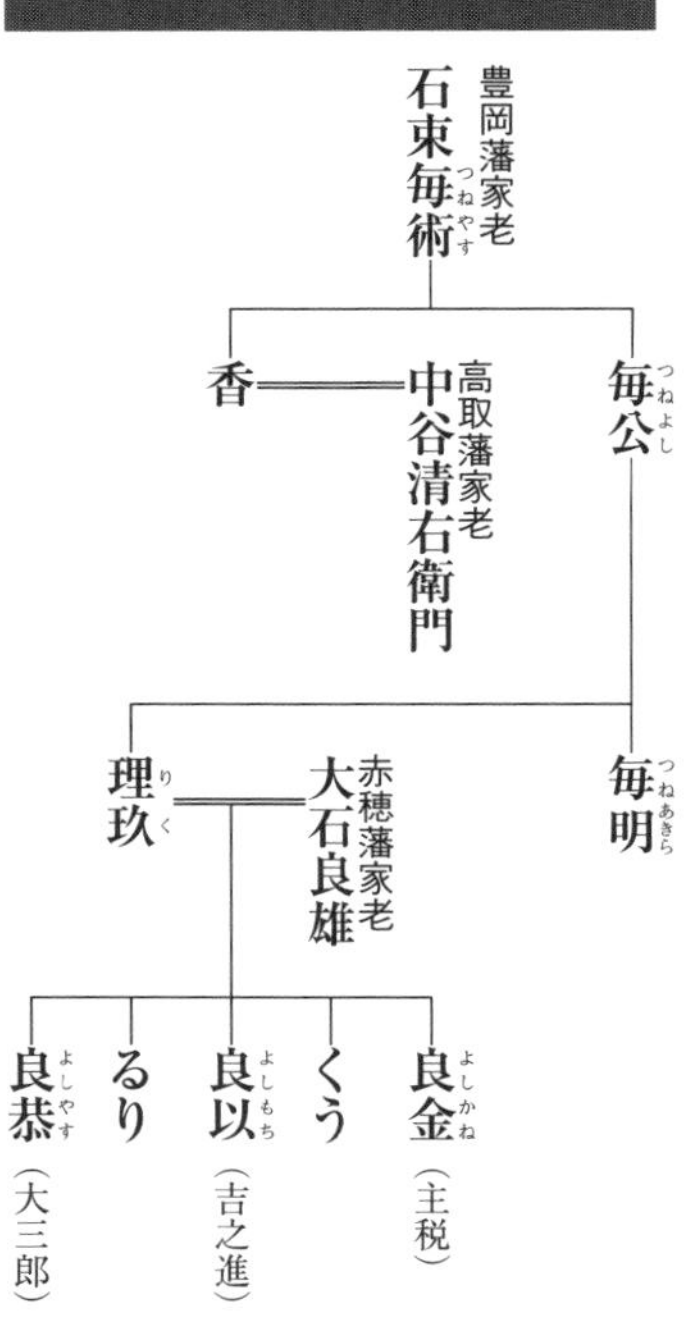

中谷家は、この時期に良金に何らかの品を送ったようだ。同年閏八月二十七日付の、良金から中谷清右衛門と香に宛てた手紙には「近いうちに父良雄と同道して遠方へ行くにあたり、この度は結構な品を頂きました」と礼を述べ、豊岡の石束家で暮らす家族を案じる内容が書かれている。七月には、京都で良雄を中心にした旧赤穂藩士たちが吉良義央を討つことを決議した、いわゆる丸山会議が行われており、十月に良金は父良雄とともに江戸へ下っていることから、手紙の内容は仇討ちを示しており、中谷家でもそれを知っていたものと考えられる。十二月十四日、良金は赤穂浪士四十七士のひとりとして江戸吉良邸へ押し入って義央を討ち取り、主君の無念を晴らした。

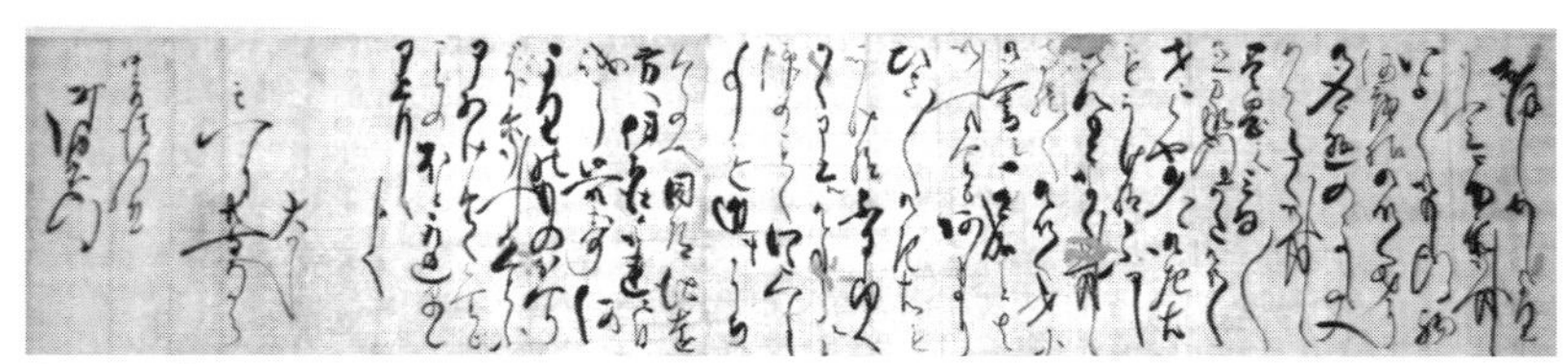
中谷清右衛門と香に宛てた大石良金書簡（個人蔵）

植村家政の家臣一覧

禄高	姓　名
1000石	中谷新兵衛・林十左衛門
350石	三橋武兵衛
300石	橘堅治・西郷織部・中谷新左衛門・曽根勘兵衛・田崎源右衛門・岡田太左衛門・和田嘉右衛門
30人扶持	富永勘解由
250石	吉野甚右衛門・石崎九郎兵衛・林小左衛門・岡野伊右衛門・福原五郎兵衛・富永又左衛門・沢太郎左衛門・脇坂四郎左衛門
200石	海老江伊織・大沢玄卜・忝宮二郎兵衛・蜂須加助左衛門・行方半右衛門・古河九郎左衛門・青木五郎左衛門・大谷近兵衛・宮荘太夫・青木十兵衛
150石	沢茂左衛門・川本新五左衛門・竹村治兵衛・額賀藤兵衛・児玉源兵衛・高木七郎兵衛・柴田久三郎・古川三右衛門・湊伝左衛門・寺尾五兵衛・築山甚五左衛門・古川八弥・中地半之丞・増田五郎右衛門・在原弥兵衛
125石	尾関弥左衛門
100石	福尾春庵・藤沢与五右衛門・水口源八郎・浦野七兵衛・豊田清太夫・山本惣右衛門・勝尾市郎左衛門・井上勘左衛門・斎藤六右衛門・堀平右衛門・村田権左衛門・太田五左衛門・黒子孫兵衛・不破主馬助・東海林権兵衛・恒岡平右衛門・多一源右衛門・村瀬又右衛門・在原弥左衛門・鈴木金左衛門・西沢彦兵衛・野沢六左衛門・岡野市左衛門・佐野市右衛門・宮口主米
50石	渡辺次郎右衛門・仲平左衛門・宗泉寺・芦沢権右衛門・曽根清左衛門・青木牛之助・青木良庵・中山七右衛門
	計78人

奈良県立図書情報館所蔵 内藤家文書「和州高取城主植村家記　本真院殿御分限帳」より作成

家老林家

林家の祖は、戦国時代に上野国新田荘（群馬県太田市、みどり市、伊勢崎市の一帯）を領した横瀬家の家老であった。横瀬家は、上野国の豪族新田家の一門岩松家の重臣にすぎなかったが、八代横瀬成繁が主家である岩松家を排して権力を掌握し、新田金山城（群馬県太田市）を拠点に上野国の大半を支配下に置くと、新田義貞の後裔と称して永禄初年に「由良」と改姓した。林家は成繁の家臣団の中の四家老の一家で、「新田金山伝記」（『金山城と由良氏』所収）には、伊勢崎城主（群馬県伊勢崎市）に林高次、矢島城主（群馬県太田市）に林高宗の名がある。

由良家は成繁の子国繁の時に北条氏に味方し、天正十八年（一五九〇）、豊臣秀

林家の墓所（観音院／高取町上子島）

家中の職制と人数

職制	人数
家老	3
中老	1
用人	12
物頭	4
物頭格	3
大目付	11
大目付格	4
元締	3
元締次席	2
給人以上嫡子	8
近習	11
医師	8
給人格	2
代官	1
中小姓	32
中小姓嫡子	1
徒士目付	4
徒士目付格	16
徒士	19
徒士格	23
蔵方	3
台所小役	6
下目付	6
郷廻	4
納戸下役	5
殺生方	1
代官手代	2
御預所方	7
厩小頭	1
元締支配表門番	4
裏辻番	4
定番組城納戸役支配	10
城内門番	5
江戸上屋敷下目付	1
下屋敷方	3
江戸屋敷門番	9
坊主	10
押足軽	3
中間頭	5

（『高取町史』所収　御家中分限帳を参考に作成）

吉の小田原征討の際に小田原城に籠城した。北条氏滅亡後、国繁は許されて秀吉に仕え、常陸国牛久城主（茨城県牛久市）として約七千四百石の領地を与えられた。この時に林家は主家から離れて流浪し、林重成（高次の子か）が植村家政と懇意になりその重臣となった。重成の子忠之は家政の近習を務めて三百石の知行を受け、高取藩入封時には、中谷家と同じく千石へ加増されている。

藩の年中行事

藩士の登城日は毎月一日と十五日で、役付きの者は藩主と面会し藩政についての報告、役儀や加増のお礼を述べるなどをする。毎月二日・六日・十二日・十六日・二十二日・二十七日は釘抜門脇の会所★で藩政に関する通常業務を行うほか、七庄屋たちを集めた寄合が行われた。毎月三日・十一日・二十一日は訴訟日で、七日・十六日・二十五日が裁許日とされ、当番の家老と目付が出仕して業務にあたった。元文三年（一七三八）からは、廃藩によって幕府領となった旧宇陀松山藩領を預り管理することになり御預所方が設けられた。幕府領の訴訟日は毎月三日・十一日・二十二日、裁許日を九日・十九日・二十七日とし、非番の家老と目付が出仕した。

藩の年中行事としては、次のものが挙げられる。

▼会所
藩の政務を執る場所。

正月
元旦　年頭の挨拶
二日　藩主が家臣を伴って菩提寺宗泉寺に参詣、馬の乗り初めの儀
三日　領内の庄屋が御殿へ挨拶に参上、夕方から謡初めの儀
五日　藩が預かる幕府領の庄屋が御殿へ挨拶に参上
　　　今井町惣年寄が御殿へ挨拶に参上
六日　壺坂寺はじめ領内社寺が挨拶に参上
七日　人日の節句★
十一日　午前九時に家中全員出仕し具足祝をし、餅や酒の振舞い
　　　猪狩り

三月
三日　上巳の節句★、宗門改奉行の任命

四月
十日　鉄砲稽古の開始

五月
五日　端午の節句★

七月
七日　七夕の節句★
十三日　聖霊会（盂蘭盆）
十四日　宗泉寺へ参詣
二十一日　私領、天領の村々の年貢等割り当てについての話合い

八月
一日　八朔の行事と、徳川家康江戸城入城の日の祝い

九月
九日　重陽の節句★

▼人日の節句
正月に若菜を摘み、一月七日に七草を粥にして食べ一年間の無病息災を祈る。

▼具足祝
正月に甲冑の前に飾った具足餅を割って食べる行事で、鏡開きのルーツ。

▼上巳の節句
三月三日の女児の節句。元は、紙の人形を作って自分の厄を移し水に流す厄払いの行事。平安時代に貴族の雛遊びと融合し、雛人形になったとされる。

▼端午の節句
五月五日の男児の節句。菖蒲の節句ともいい、菖蒲の葉を浸した酒を飲んだり粽を食べたりして厄病を祓った。江戸時代には尚武の節句ともいわれ、武家社会で重要な行事となった。

▼七夕の節句
中国に伝わる乞巧奠の行事と日本の棚機津女信仰が習合した、手習い事の上達を祈願する行事。

▼重陽の節句
九月九日に、菊の花びらを浮かべた菊酒を飲み菊を愛でるなどし長寿を願う。

十月　　十五日　亥の子の祝い★で家中が出仕し、餅が振る舞われる
十二月　十三日　煤払★
　　二十八日　歳暮の祝儀があり、家中一同が寒中見舞の挨拶

武芸の奨励

高取藩では、馬術や鉄砲の稽古、競技がさかんに行われた。観覚寺（高取町観覚寺）の地に馬場や矢場が設けられ、稽古や試合が定期的に開催された。元禄年間（一六八八～一七〇四）には「組鉄砲」と呼ばれる鉄砲の組対抗試合を開催しており、皆中した者には一貫文ずつの褒美が与えられている。享保年間（一七一六～一七三六）には、大筒や火矢の試射なども多数行われ、三〇匁玉から一〇〇匁玉までの大筒を立て続けに放ち、十時から十八時まで藩主の上覧があったことが伝えられている。こうした武芸の奨励は植村家において要であり、この意識は江戸時代を通じて揺るがず、幕末になって大いに力を発揮することになった。

家中法度書

高取藩の家中法度は「御当家御法度書」（『高取町史』所収）から、内容を窺うこ

▼亥の子の祝い
十月の亥の日亥の刻に田の神を祀る収穫祭で、猪の多産にあやかって子孫繁栄を願い亥の子餅を食べる。

▼煤払
正月前に家中の埃や煤を払う、大掃除。

とができる。年代は不明とされているが、江戸時代を通じて家中の規範となったと考えられる。

一、公儀の御法度を守ること

一、忠孝の道、礼儀の筋、勇臆の義をわきまえること

一、武芸を油断なく稽古し、先後緩急の事に対応すること

一、武術、馬術など応分に嗜むこと。武具や兵具は美麗を好まず、利方を心掛けること

一、日頃から態度を慎み、喧嘩や口論はしないこと

一、何事によらず徒党を組み、または加担しないこと

一、私的なことで争いをしないこと。申したい事があれば頭分や朋輩に相談し、役人へ申し出ること

一、他家や他領から出入りする者がいれば、小事といえども役人へ報告し、隠し置かないこと

一、縁組があれば、双方同心の上で前もって役人へ報告すること。婚姻の作法は簡素にし、祝儀や進物などの贈答は、その一門以外は無用にすべきこと

一、養子は同姓または近親者で行い、父親の人物を考えてなすこと。同姓、近親者がいない者は、当家中にて合意の上で養子をとること

一、死刑を執行する際、関係のない者は一切寄り集まらないこと

一、城中において火事や不測の事態が起こった場合は、役人の指図に従うこと
一、当家他家ともに主に差障りがある者は、傍に置かないこと。もしその旨があれば子細を届け出て相談し、返すか追払うべきこと
一、農工商売の者に対し、過分な取り扱いをしないこと
一、博奕や諸勝負などの遊びは、一切禁止すること
一、万事倹約を守ること
一、便りや贈答は身分に応じて簡素にすること。家老や役人への理由のない贈物はしないこと
一、牢人、出家した者、他所の者が訪ねてきても、家に留め置かないこと。もし親類縁者が災難から逃げてきた場合は、役人へ報告しその指図を受けること
一、家中の下々の者が、直参の者へ無礼な振る舞いをしないこと
一、申し付けたことは、違反したり軽んじることのないよう、固く守ること

在封年	生没年	享年	法名	墓所
10	天正17年(1589)～慶安３年(1650)	62	本真院殿前羽州大守了学日栄大居士	如来寺
37	元和４年(1618)～元禄３年(1690)	73	泰祥院殿一峯空顕大居士	如来寺
9	寛文３年(1663)～元禄９年(1696)	34	高性院幽山素玄大居士	如来寺
35	延宝８年(1680)～享保16年(1731)	52	正善院殿仁岳道義大居士	宗泉寺
7	宝永７年(1710)～元文３年(1738)	29	隋縁院殿実応性遍大居士	宗泉寺
29	享保15年(1730)～明和４年(1767)	38	等覚院殿観道性応大居士	宗泉寺
11	宝暦２年(1752)～安永７年(1778)	27	諦観院殿頓悟宗円大居士	宗泉寺
6	宝暦９年(1759)～天明５年(1785)	27	到岸院殿観山道勇大居士	如来寺
43	宝暦４年(1754)～文政11年(1828)	75	浄徳院殿顕誠有隣大居士	如来寺
20	天明７年(1787)～万延元年(1860)	74	厳光院殿智達映雲大居士	如来寺
5	文化４年(1807)～嘉永６年(1853)	47	徳現院殿浄雲普光大居士	宗泉寺
３カ月	天保６年(1835)～嘉永６年(1853)	19	映顕院殿彰感円通大居士	如来寺
15	天保８年(1837)～明治29年(1896)	60	憲譲院恵厚稟聖大居士	宗泉寺
3	弘化４年(1847)～大正９年(1920)	74	聖寿院瑞光慈照大居士	宗泉寺

※如来寺／東京都品川区西大井
※宗泉寺／奈良県高市郡高取町上子島

高取藩主植村家の歴代

	藩主名	位階	受領名	主な役職	石高	在封期間
初代	家政	従五位下	志摩守、出羽守	大番頭	25,000石	寛永17年(1640)～慶安３年(1650
２代	家貞	従五位下	右衛門佐	−	25,000石→22,000石	慶安３年(1650)～貞享４年(1687
３代	家言	従五位下	出羽守	−	20,500石	貞享４年(1687)～元禄９年(1696
４代	家敬	従五位下	右衛門佐、出羽守	−	20,500石	元禄９年(1696)～享保16年(1731
５代	家包	従五位下	刑部少輔、出羽守	−	20,500石	享保16年(1731)～元文３年(1738
６代	家道	従五位下	出羽守	−	20,500石	元文３年(1738)～明和４年(1767
７代	家久	従五位下	出羽守	−	20,500石	明和４年(1767)～安永７年(1778
８代	家利	従五位下	出羽守、右衛門佐	奏者番	20,500石	安永８年(1779)～天明５年(1785
９代	家長	従四位下	兵部少輔、出羽守、駿河守	奏者番、寺社奉行、西の丸若年寄、本丸若年寄、西の丸老中	25,000石	天明５年(1785)～文政11年(1828
10代	家教	従四位下	伊勢守、出羽守、兵部少輔	−	25,000石	文政11年(1828)～嘉永元年(1848
11代	家貴	従五位下	美濃守、駿河守、出羽守	奏者番	25,000石	嘉永元年(1848)～嘉永６年(1853
12代	家興	−	−	−	25,000石	嘉永６年（1853）４月～７月
13代	家保	正四位	出羽守、駿河守	大坂加番	25,000石	嘉永６年(1853)～慶応４年(1868
14代	家壺	従二位	出羽守	高取藩知事	25,000石	慶応４年(1868)～明治４年(1871

これも高取

斉明天皇と越智崗上陵
二度皇位に就いた女性天皇

高取町車木に斉明天皇と娘の間人皇女の合葬陵、越智崗上陵がある。陵の前には斉明天皇の孫娘大田皇女の墓もある。

斉明天皇は、茅渟王の子の宝皇女で弟は軽皇子（のちの孝徳天皇）。舒明天皇の皇后となり、子に中大兄皇子（のちの天智天皇）、間人皇女（孝徳天皇の皇后）、大海人皇子（のちの天武天皇）がいる。舒明天皇が崩御した後、皇極天皇元年（六四二）に宝皇女は即位し皇極天皇となった。権勢を誇っていた蘇我蝦夷が引き続き大臣になり、蝦夷の子の入鹿が国政を執る蘇我氏体制が続くことになった。

『日本書紀』によれば斉明天皇の御代は、百済、新羅など朝鮮半島の国々と交流があり、百済の使者が来日した際には相撲会を開くなどしている。

また、蘇我蝦夷が僧を招いて雨乞いをしたが小雨しか降らず、皇極天皇が明日香村南淵の川上で天に祈ると大雨が降ったことから、人々は皇極天皇を「至徳天皇」と呼んだとされる。

斉明天皇陵（高取町車木）

皇極天皇二年（六四三）、入鹿は皇極天皇の次期天皇に古人大兄皇子（舒明天皇の第一皇子で入鹿の従兄弟）を擁立することを考え、蘇我氏と対立していた山背大兄王（聖徳太子の子で入鹿の従兄弟）を斑鳩宮に襲撃し、最後は斑鳩寺で自害させるに至っている。

教科書にも載っている「乙巳の変」は、この皇極天皇の御代に起こったもので、孝徳天皇元年（六四五）、蘇我蝦夷が君臣長幼の序をわきまえず国家を簒奪しようとしていると憂いた中臣鎌足は、蘇我氏体制を打倒すべく中大兄皇子に接近した。そして飛鳥板蓋宮で宮中クーデターを決行した。入鹿暗殺は、新羅、高句麗、百済の三韓から進貢の使者が来日し朝廷で儀式が行われる日に決行された。皇極天皇が大極殿に出御し入鹿もその場に出た時に、中大兄皇子は宮門を閉じさせて蘇我入鹿を暗殺し蘇我蝦夷を自殺へ追い込んだ。翌年、皇極天皇は譲位し軽皇子が孝徳天皇となり、中大兄皇子が皇太子となった。皇極天皇には「皇祖母尊」の称号が贈られている。孝徳天皇元年（六四五）には元号が制定され、大化元年になっている（大化の改新）。

孝徳天皇は難波宮（大阪府大阪市）を造営して遷都した。その後、中大兄皇子と不和になっていき都を飛鳥（奈良県）へ戻すようにとの進言にも耳を貸さなかった。そのため皇祖母尊（皇極天皇）は天皇を見捨てて、中大兄皇子や皇后間人皇女らを引き連れ飛鳥へ戻ってしまう。白雉五年（六五四）、孝徳天皇が死去すると、斉明天皇元年（六五五）、皇祖母尊は再び皇位に就き斉明天皇となる。日本で最初に重祚（一度退位した天皇が再び即位する）をした女性天皇である。政務の中心となったのは中大兄皇子であるが、斉明天皇は都がある飛鳥の整備事業に力を入れた。飛鳥の地に新たに岡本宮・両槻宮などの皇居を造営している。さらに香久山から石上山まで運河を掘らせ、石上山から石を船で宮まで運ばせ石垣を築いた。運河を掘るために動員された工夫は三万人余り、石を運ぶ船は二百艘、石垣を築くために動員された工夫は七万人余りと伝えられている。人々は疲弊しこれらの事業を「狂心の渠」と呼び斉明天皇の国家事業を非難した。

また蝦夷を平定し、百済復興のために朝鮮半島へ出陣し唐・新羅連合軍と戦った（白村江の戦い）。斉明天皇自身は、斉明天皇七年（六六一）に朝鮮半島へ出陣するため九州に赴いた際に朝倉宮（福岡県朝倉市）で没した。

大田皇女の墓（高取町車木）

天智天皇六年（六六七）、斉明天皇と皇后間人皇女が合葬され、孫の大田皇女も陵の前の墓に葬られた。この陵墓は文武天皇三年（六九九）に修造されたのち、天平十四年（七四二）には墳丘が崩壊したため再び修造されている。しかし、その後は所在不明となり、江戸時代末期になって現在の陵と考定された。

宮内庁は越智崗上陵を斉明天皇陵と治定しているが、近年の発掘調査により明日香村越の牽牛子塚古墳が斉明天皇陵であるとする説が有力になっている。

牽牛子塚古墳は飛鳥時代の天皇陵でよくみられる八角墳で、墳丘全体が凝灰岩切石で装飾され、横穴式石槨内にふたつの墓室が確認されている。その南東に越塚御門古墳があり、これは一辺十メートルの方墳である。これらのことから、牽牛子塚古墳が『日本書紀』の記述にある斉明天皇と間人皇女の陵墓「小市岡上陵」であり、越塚御門古墳陵が大田皇女の墓ではないかといわれている。

これも高取

古代ロマン　古墳を巡ろう

高取町には約八百基もの古墳が確認されている。古代は国家の中心であった飛鳥地方に渡来人の文化が栄え、六世紀から七世紀末にかけて古墳が多く築造された。近年話題になったものもあり、古墳を巡って古代ロマンを感じるのも面白い。

市尾墓山古墳

古墳時代後期の代表的な前方後円墳で、全長六六メートル、高さ一〇メートル。周囲は幅約一五メートルの濠が巡らされる。後円部分に全長九・四五メートル、幅二・四五メートルの横穴式石室があり家形石棺が確認されている。石棺の大きさは長さ二・六一メートル、幅一・二七メートル、高さ一・三九メートルにもなり、奈良県内で最大級とされている。二段築成のうち一段目には円筒埴輪が多く出土しているほか、珍しい木製の鳥形埴輪も出土している。昭和五十六年（一九八一）、国指定史跡。公園として整備され、令和四年（二〇二二）には地元有志によって近鉄市尾駅前に「市尾はにわ公園」がオープンしている。

市尾はにわ公園（高取町市尾）

場所　高取町市尾

市尾墓山古墳（高取町市尾）

宮塚古墳

全長四四メートルの前方後円墳で有力豪族の首長の墓と推定されている。横穴式石室の全長は一一・六メートルで、壁面と石棺の外側は赤い顔料で塗装されている。木棺に用いる鉄釘が発見されていることから追葬があったと考えられている。金銅製の鈴、耳環、水晶の三輪玉、魚型の銀製品などが数多く出土している。石棺が復元されており、柵外から玄室の見学ができる。昭和五十六年、国指定史跡。

場所　高取町市尾

与楽古墳群

平成二十五年（二〇一三）に、与楽カンジョ古墳・与楽鑵子塚古墳（高取町与楽）、寺崎白壁塚古墳（高取町寺崎）が「与楽古墳群」として国指定史跡となっている。貝吹山の西南の裾野にあり、三基ともに石室の形態や出土遺物から東漢氏の首長の墓と推定されている。

カンジョ古墳は二段構造の一辺約三六メートルの方墳。両袖式横穴式石室の高さは五・二七メートル以上あることが判明している。これは明日香村の石舞台古墳を凌ぐ奈良県最大である。石室の壁は閃緑岩（せんりょくがん）が五段に積み上げられ、天井を巨大な一枚岩が覆う。金銅製耳環や銀製指輪などの副葬品や須恵器、土師器などが出土している。

与楽カンジョ古墳
（高取町与楽）

与楽カンジョ古墳の石室

与楽鑵子塚古墳は直径二八メートル、高さ九メートルの円墳。閃緑岩を七〜八段積み重ねた片袖式横穴式石室は南に開口しており、石室の長さ四・一五メートル、幅三・一メートル、高さ四・五メートル。金銅装、銀製耳環、ガラス小玉、金銅装鞍緑金具、鉄製轡、鉄製杏葉、鉄製釣針、鉄製刀子、須恵器などが出土したほか、土師器のミニチュア炊飯具などが出土している。

寺崎白壁塚古墳は一辺三〇メートル、高さ九メートルの方台形墳で墳丘の背面に幅七メートルのコ字形の掘割りがある。墳丘の一段目は地山を整形し二段目は版築（土を強く突き固めながら基礎を高くしていく工法）によって盛土がなされている。横穴式石室からはミニチュアの鍋や竈（かまど）の破片、土師器平底甕などが出土している。

佐田束明神古墳

一辺三六メートルの八角形墳。横穴式石室は凝灰石の切石を積み上げた特殊なもので、周辺から須恵器などのほか青年期の男性のものと思われる歯牙が出土している。天武天皇と持統天皇の皇子である草壁皇子の墓は岡宮天皇陵とされているが、束明神古墳こそが草壁皇子の墓であるとする説が有力になっている。奈良県立橿原考古学研究所付属博物館の敷地内に、石室が復元されている。

場所　高取町佐田（春日神社境内地）

市尾瓦窯跡

藤原京使用の瓦窯跡と伝えられており、全長六メートル、幅一・三メートルの登り窯が確認されている。地山の花崗岩をトンネル状に掘り抜き、内部に堅く固めた粘土状のブロックをアーチ状に積んで炉壁が構築されており、天井や裏込は粘土で覆われている。窯内部は床面に丸瓦を等間隔に並べた階段が作られている。複弁八葉蓮華文の軒丸瓦が出土しており、これは藤原京大極殿に使用されていた瓦と同形式である。このほか、丸瓦、平瓦など多く出土しており、これらから藤原京造営に伴って七世紀後半に作られたことが明らかになっている。

場所　高取町市尾

観覚寺遺跡

東漢氏の本拠地及び集落であったとみられる集落跡で、七世紀頃のものと思われる東西五メートル、南北四メートルの石組みの方形池がある。石組みオンドル（床下に焚口を設けて煙で床を温める床暖房で、朝鮮半島の建物の特徴）を備えた大型建物跡が発見されている。八世紀から九世紀頃の建物や塀の跡は、坂上田村麻呂の邸宅があったとする伝承の可能性が指摘されている。調査後は埋め戻されている。

場所　高取町観覚寺

森カシ谷遺跡

高取町森に残るこの遺跡は、紀路と呼ばれる、飛鳥から紀伊国へ通じる道を見下ろす丘陵上にある。物見櫓跡と思われる柱穴や柵跡が発見されていることから飛鳥の都を守る砦跡であったようだが、その南斜面には七世紀後半の築造とみられる円墳跡が見つかっている。木棺墓や須恵器や土師器のほかに平安時代の土杭墓（土を円形や長方形に掘って遺体を納める墓の形式）や中世に建てられたと見られる柱穴群があることも判明した。

円墳は、明日香村のキトラ古墳と立地状況や墳丘の直径などが酷似していることから、天武天皇の皇子皇女クラスの人物の墓ではないかと推測されているが、中世には別の用途になっていたのかもしれない。

場所　高取町森

第二章　前期の藩政

中興の祖と呼ばれた九代植村家長の治世とそれを支える優れた家臣たち。

如来寺の植村家長の墓（東京都品川区）

① 前半期の藩主

前半期は藩主の代替わりが多く安定しない治世が続く。江戸城本丸造営、大和川付け替え事業などの幕府の御用、分家への領地分与などで藩の規模は徐々に小さくなる。

二代藩主家貞の治政

植村家政は、入封して約半年後に病臥し、慶安三年（一六五〇）閏十月に死去した。長男・二男は早世しており、三男家貞が家督を継いだ。家貞は元和四年（一六一八）に生まれ、寛永九年（一六三二）に十五歳で将軍家光に謁見した。従五位下、右衛門佐に叙任され、二万五千石の高取藩主となったが、万治元年（一六五八）、弟政春に三千石を分与したため、領地は二万二千石となった。三十七年間にわたって藩政を執り、この間に明暦三年（一六五七）の大火で焼失した江戸城本丸造営で大奥の普請にたずさわった。

寛文十年（一六七〇）十一月には城下の土佐町で大規模火災が発生し、武家屋敷二〇軒、民家二〇〇軒が焼失する被害があった。この火災を教訓に土佐町の通

植村家政の墓（養玉院如来寺／東京都品川区）

りの両側に高取川の水を引いた側溝が設けられるなど防火対策が採られた。

家貞の長男政成は病弱であったため、貞享四年（一六八七）に二男家言が家督を継いだ。この時、三男政明に千石、四男政澄に五百石を分与したことから二万五百石の領地となった。家貞は隠居して三年後の元禄三年（一六九〇）に七十三歳で死去した。

高取藩に招かれた内藤家

延宝四年（一六七六）、家貞は、武蔵国岩槻藩（埼玉県さいたま市）の重臣内藤豊弘（豊藩）を高取藩士として召し抱えている。

内藤家は、戦国時代は北条氏の家臣で津久井（築久井）城★主であった。天正十八年（一五九〇）の豊臣秀吉の小田原征討で津久井城は落城し、内藤家は北条氏の滅亡とともに流浪した。その後、最後の城主内藤景豊の甥である景次が阿部正勝★に客分として迎えられ、景次の三人の息子たちも阿部家に召し抱えられた。

正勝から四代目の阿部定高（岩槻藩三代藩主）に仕えていた時、内藤家一族は御家騒動に巻き込まれた。若くして病臥していた定高は、長男正邦がまだ二歳であったため、弟正春に「正邦が元服するまで岩槻藩を頼む」と遺言して死去した。それに従って正春は藩主となったが、正邦が元服すれば家督を譲る約束の上

▼津久井城
神奈川県相模原市にあった城。築久井城とも表記される。

▼阿部正勝
一五四一〜一六〇〇。徳川家康の家臣で、家康が駿府へ人質に出された時から近侍した。武蔵国鳩ヶ谷で五千石を領し、慶長五年に大坂で没した。

で就いた一時的な藩主にすぎず、立場は甚だ弱いものであった。そのためか正春は「正邦は定高の実子ではない」との虚言を藩内に流布し、正邦の廃嫡を企てたという。その上、自分の跡継ぎの正当性を幕府へ訴え出た。

正邦の守役を務めていたのは、景次の三男豊展であった。驚いた豊展は「正邦は定高の実子で間違いない」と幕府へ訴えた。幕府は正邦が正当な定高の世継ぎであると認め、正春の企ては阻止された。しかし正春は「そもそも、正邦が定高の実子ではない」と言い出して藩内を混乱させた張本人は、内藤豊展である」と偽り、豊展を捕らえて幽閉した。のちに疑いが晴れたが、この話を聞いた高取藩二代藩主植村家貞が、豊展を高取藩で召し抱えたいと希望した。「築久井古城記」には、豊展の母が植村家政の伯母であったことから阿部家の一連の騒動を家貞が知ったとある。「築久井古城記」は内藤家の家臣だった島崎氏の子孫島崎直孝、律直父子が内藤家と津久井城について後世へ伝えるために文化十三年（一八一六）に撰文し城跡へ建てた碑文である。

延宝四年（一六七六）、豊展は隠居したが、二男豊弘が阿部家を辞して家貞に仕え、豊展は高取藩で余生を送った。高取藩士となった豊弘は、二代藩主家貞・三代藩主家言・四代藩主家敬と三代にわたって仕えた。その間に家言の妹を妻に迎え、二百石を得て家老になった。豊弘の子豊右の代に三百石へ加増となり、その子高豊は六歳で家敬の近侍となっている。

津久井城跡に建つ津久井古城記の碑
（神奈川県相模原市）

六代藩主家道に仕えた内藤景文は、宝暦九年（一七五九）に十五歳で目付役、明和五年（一七六八）に用人になり、天明三年（一七八三）、八代家利の時に中老になった。清廉で正直な性格から「関西の楊震」★と呼ばれた。備後国福山藩（広島県福山市）の儒学者菅茶山★に学び、片山北海★が主宰する漢詩サロン混沌詩社に出入りしていたほか、萩藩の儒学者滝鶴台★などとも親交があった。南朝へ深く傾倒していた景文は、天明三年に吉野山に詣でた際、大塔宮護良親王の身代わりとなって自害した武将村上義光の墓参をし、その忠烈碑を墓の側に建立している。高取藩内藤家は、以後も景美・景明・景雄・景徳と続き、いずれも家老として藩政を支えた。

豊展の長男は、岩槻藩へ残って正邦に仕えた。阿部家はその後、丹後国宮津藩（京都府宮津市）、下野国宇都宮藩をへて備後国福山藩へ転封した。阿部家に仕え続けた内藤家も代々家老職に就いている。

植村政明の職務怠慢

貞享四年（一六八七）、家言は二十五歳で家督を継いだ。元禄元年（一六八八）五月、将軍徳川綱吉は家言の弟政明を小姓に任命したが、政明は病と称して固辞したために逼塞させられる事件があった。

村上義光の墓と内藤景文が建立した碑
（奈良県吉野郡吉野町）

▼楊震
後漢前期の政治家。清廉潔白な性格で知られる。

▼菅茶山
一七四八～一八二七。福山藩の儒学者、詩人。

▼片山北海
一七二三～一七九〇。越後国の儒学者。京都で宇野士新に学び、大坂で開塾。混沌詩社の社友に頼春水や篠崎安道らがいる。

▼滝鶴台
一七〇九～一七七三。萩藩の儒学者、医者。藩主毛利重就の侍講となって禄百石を与えられた。

政明は、それ以前にも近侍に就くことを辞退しており、たび重なる辞退は職務の労を逃れるためであろう、と綱吉の怒りを買い、領地を没収され上野国七日市藩★主前田利広へ預けられた。身内の失態に、家言は自ら謹慎の姿勢を取った。幕府から出仕するよう促されても遠慮し続け、約半年後にようやく出仕している。元禄六年、政明は赦されて扶持米三百俵を賜って小普請★となり、宝永元年（一七〇四）には書院番士を務めた。

家言は、元禄九年に三十四歳の若さで死去し、家督は、家言の兄政成の長男家敬が継いだ。

宇陀松山藩の廃藩の影響

元禄八年（一六九五）、大和国宇陀郡（奈良県宇陀市）一帯を領する宇陀松山藩が廃藩になった。この時の藩主は織田信武で、宇陀松山藩織田家初代藩主信雄（織田信長の二男）から信雄の五男高長・長頼・信武と続いていた。しかし信武の代になって藩財政が窮乏していた。その打開策を巡って家臣たちが対立し、元禄七年に信武は、諫言に及んだ重臣の生駒三左衛門・田中五郎兵衛を成敗し、自刃させた。「宇陀崩れ」と呼ばれる事件である。元禄八年、織田家は二万八千石から二万石へ減封の上、丹波国柏原藩（兵庫県丹波市）へ国替えとなった。

▼七日市藩
群馬県富岡市にあった藩。

▼小普請
旗本、御家人のうち、無役で三千石以下の者。

旧領地は幕府領となった。代官が派遣されて領内九九カ村の検地帳を調べたところ、百年前の文禄四年（一五九五）の検地帳のうち、一三カ村分の紛失が判明した。その上、正保四年（一六四七）に各村の村方三役（庄屋、年寄、百姓代）が協議して村が検地の修正をする地平を独自に行い、それをもとにして約五十年間の年貢を納めていることが判明した。宇陀松山藩は、入封以後は検地を行っていなかったのである。幕府はこれを問題視し、村が作った地平帳を不正と見なして、元禄十五年に高取藩へ旧宇陀松山藩領の総検地を命じた。赴任していた幕府代官は検地前に村々へ次の内容の触れを出している。

一、山林や家の周りに植えている竹木に至るまで、刈り取らないこと
一、漆・梯・茶・紙などに使用する木は、一本たりとも取らないこと
一、用水や悪水の溝・道など、これまであったもののほかは拵えないこと。田畑の畦なども、新規で勝手に作らないこと。

高取藩は、田畑の等級のほか、田畑・屋敷・山林・寺社領などの地境を相違なく申告することや、付け届けの禁止、関係者以外の検地場への出入り禁止などを厳重に申し渡し、七月二十三日から竿入れを始めた。高取藩の検地総奉行は吉岡甚右衛門で、検地奉行三好十兵衛など十七人がこれに従事し、翌元禄十六年三月二十二日にようやく完了した。今回の検地で、田畑の等級を上々地・上地・

中地・下地・下々地として石盛を定め、太閤検地で使われていた一歩の面積を六尺三寸四方としていたものを六尺一寸四方に改めている。

大和川付け替え事業

宝永元年（一七〇四）、高取藩は、幕府から大和川付け替え工事の一端を命じられた。

現在の大和川は奈良盆地から大阪平野へ流れ、一本の大きな川筋となって堺港の北で大阪湾に直結しているが、江戸時代初期の川筋は、生駒山系を通って大阪府柏原市で石川と合流し、北へ流れて複数に分流し、広大な深野池と新開池を通ってさらに幾筋にも分流していた。それら平野を流れる川のすべてが、洪積台地である上町台地の北側で淀川と合流して大阪湾へ流れ込んでいた。これらの川筋は、船運による交通網が発達する一方で、大雨のたびに堤防が決壊して洪水を引き起こした。上流の土砂が流入して周りの土地よりも川床が高くなる天井川も多く、治水事業は長年の課題であった。

明暦三年（一六五七）、大和川を淀川と合流させずに単独で大阪湾へ流すという川の付け替え案が河内郡の庄屋たちで立案され、幕府へ嘆願がなされた。嘆願の中心人物は、今米村（東大阪市今米）の庄屋の中甚兵衛であった。幕府は嘆願を

中甚兵衛の像（大阪府柏原市）

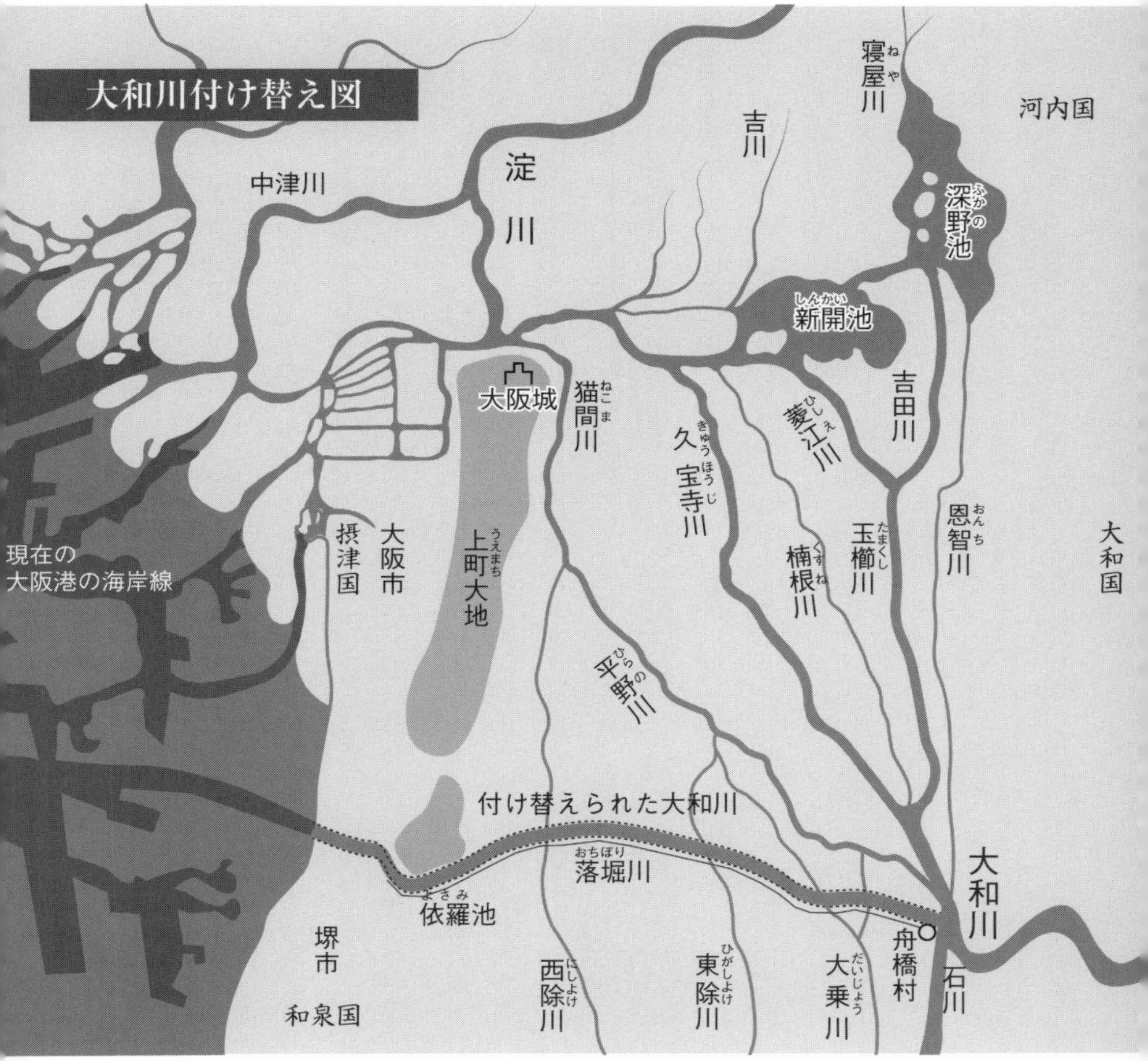

大和川付け替え図

河内国
寝屋川
吉川
淀川
中津川
深野池
新開池
大阪城
猫間川
菱江川
吉田川
久宝寺川
恩智川
大和国
現在の
大阪港の海岸線
摂津国
大阪市
上町大地
玉櫛川
楠根川
平野川
付け替えられた大和川
落堀川
大和川
依羅池
舟橋村
石川
堺市
西除川
東除川
大乗川
和泉国

聞き甚兵衛から聞き取りを行い、現地での検分を何度か行ったが、事業の壮大さと、新川にあたる土地を有する村々からの反対運動によって付け替え事業は不要と判断した。その後は堤防強化や小規模な川の開削などが進められたが、延宝二年（一六七四）から同四年の間、連続して大雨による堤防の決壊と洪水が起きると、付け替え事業を望む声は大きくなっていった。

元禄十六年（一七〇三）、幕府は、従来の堤防などの治水対策では根本的な解決にならないことから、ようやく大和川付け替え工事に踏み切った。大和川と石川の合流点から堺の海岸までの一四・三キロメートルを新たに開削する大工事で、川幅は一八〇メートルとし、両側に高さ五メートルの堤防を設けることになった。沙汰役に、稲垣重富（下野国烏山藩主で若年寄）・荻原重秀（勘定奉行）・中山時春（勘定奉行）、普請奉行に大久保忠香（目付）・伏見為信（小姓組）、助役に本多忠国（播磨国姫路藩主）が任命された。

新しい川筋のほぼ中央に位置する川辺村（大阪府大阪市平野区）で工事区域を分け、東を幕府が担当する公儀普請場とし、西を姫路藩が担当する御手伝普請場として、宝永元年（一七〇四）、工事が開始された。しかし、着工してわずか一カ月後に本多忠国が急死したため、幕府は姫路藩の代わりに、和泉国岸和田藩、摂津国三田藩、播磨国明石藩に助役を命じた。姫路藩の担当区域約八・六キロメートルのうち、二・五キロメートルずつを三藩が担当し、海側部分一・一キロメート

大和川付替二百五十年記念碑（大阪府柏原市）

ルと三藩の普請手伝いのため、新たに高取藩と丹波国柏原藩が追加で任命された。近隣で姫路藩ほどの石高を持つ藩がなかったため、近畿の小大名五藩に割り振りされたのである。

高取藩が受け持った普請内容は、堤の芝伏せ・川底の土砂浚い・堤防の補強・西除川（大阪府大阪狭山市）の付け替え・城蓮寺村（大阪府松原市）の水除堤普請・十三間堀川★延長などの付帯工事であった。

大和川付け替え工事の総費用は七万両を超え、そのうちの約三万七千五百両は幕府が、残りは助役諸大名が負担した。工事は延べ約二八六万人もの人足を動員した結果、約八カ月で大和川の新しい川筋ができ上がったのである。周辺は一〇〇〇町歩もの新田が開発され、その石高は一万石以上になった。

▼十三間堀川　元禄十一年に開削された津守（大阪府大阪市西成区）の木津川と粉浜村（大阪府大阪市住吉区）を結ぶ堀川。大和川付け替え工事で、新大和川の河口まで延長された。

藩主の早世が続く

旧宇陀松山藩領の検地や大和川付け替え事業に携わった植村家敬は、跡継ぎに恵まれなかった。長男は早世しており、家貞の四男正澄の孫である稲之助を養子に迎えたが、十一歳で死去した。享保十四年（一七二九）、初代藩主家政の四男政春（家貞の弟）から数えて五代目の政文が迎えられ、享保十六年（一七三一）、家敬の死去に伴って二十二歳で五代藩主となり、家包と名乗った。

かつて植村氏明が松平清康・広忠二代の窮地に居合わせ敵を討ち取った刀「吉岡一文字」を下総国古河藩★主本多忠良が所蔵しており、家包が本多忠勝の刀「了戒」を所蔵していた。将軍吉宗の命令で、両家がこれらの家宝を交換したことが伝えられる。

家包は、七年後の元文三年（一七三八）に二十九歳の若さで死去し、嫡子がなかったため、四代家敬の四男家道が急きょ養子となった。わずか九歳の六代藩主の誕生である。しかし家道は明和四年（一七六七）に三十八歳で死去した。

植村家包略系図

- 家政（初代藩主）
  - 家貞（二代藩主）
    - 政成 ― 家敬（四代藩主） ― 家道（六代藩主）
    - 家言（三代藩主）
  - 政春 ― 政行 ― 政勝 ― 政廣 ― 政文（家包）（五代藩主）

▼古河藩
茨城県古河市にあった藩。

幕府領を預かり統治する

元文三年（一七三八）から、高取藩は、幕府領となっていた旧宇陀松山藩領を預かった。預り地の石高は当初は二万四百石であったが、寺社領・旗本領・幕府領の入れ替えが頻繁にあり、時代によって変遷はあるが概ね十郡一三一カ村から一七一カ村で、文久三年（一八六三）には四〇五カ村、約七万一千石を預かり統治した。

預り地の仕置は、幕府領を支配する勘定奉行と取り決めた上で行われた。年貢は、村の総年貢高の十分の一を大豆の価格で銀納する十分一大豆銀納・総年貢高の三分の一を銀納で納める三分一銀納・米で納める米納の三種類があるほか、伝馬宿入用★、六尺給米★、蔵前入用★の高掛三役といわれる付加税があった。年貢米の約三分を管理料として預地から徴収し、藩の収入となっている。

預り地への年貢の取り立ては厳しいものがあったようで、延享元年（一七四四）、式下郡法貴寺村・東井上村・西井上村・大安寺村（磯城郡田原本町）の庄屋たちが、高取藩の重税に堪りかねて京都町奉行へ箱訴★を行った。この四カ村は、付近を流れる初瀬川の低地にあり、大雨が降ると逆水★の被害が頻繁にあった。そのたびに収穫量が減り、堤の補修に費用や人手がかかっていたにも関わらず、高い年貢率を掛けられていた。

訴状の内容は、高取藩の預かりになってから土地に合わない高率の年貢になっていること・百姓たちは年貢を皆済できず家の道具類や衣類まで残らず売り払い、足りない分は土佐町の掛屋で毎年借り入れをして上納するなどして生活が行き詰まっていること・不作の年でも容赦なく、年貢を皆済できない大勢の百姓が土佐町の宿屋へ連行され、困窮している上に無用な入用がかかっていること・百姓た

▼伝馬宿入用
五街道の問屋、本陣の給米、宿場入用として徴収する税。

▼六尺給米
江戸城内の雑役夫である六尺への給米として徴収する税。

▼蔵前入用
幕府蔵米の維持管理の経費として徴収する税。

▼箱訴
百姓が領地の直接支配者を越えて、評定所の門前に設置された目安箱へ訴状を入れること。

▼逆水
本流から支流へ流れ込む水。逆流する水。

ちは最早飢えるしかないと、田畑を売却しようとしたが、低地である上に収穫に合わない高免★がかけられた土地であるため買い手がつかず、逃散の相談をし始めたことなどで、厳しい現状を訴えている。

この訴状では、近隣の津藩や芝村藩(しばむらはん)の預り地の村々よりも、高一石に付き一七から一八匁ほど多い年貢率になっているとある。

この時期は、幕府が勘定奉行の神尾春央(かんおはるひで)★を筆頭に、強力な年貢増税策を行っており、高取藩の厳しい徴収は、その政策のもとで断行されたものであった。

自治商業都市、今井町

高取藩が預かった幕府領の中に今井町(橿原市)がある。古くは今井庄といい、かつては越智氏が支配する興福寺の荘園であった。天文十年(一五四一)に、石山本願寺の僧侶今井豊寿(いまいとよひさ)が称念寺(しょうねんじ)という本願寺道場を建て、門徒を集めて町割りを敷き寺内町(今井郷)を建設した。中世から戦国時代にかけて、盗賊・他宗派・他大名などの外部からの攻撃を防ぐため、周囲に堀を巡らせ土手を築くなどして一大武装宗教都市となっていった。

町の規模は東西約六〇〇メートル、南北約三一〇メートルで、九つの門を設けて人の出入りを厳しく見張った。周囲は幅三間(約五・四メートル)の環濠と高さ

▼高免
年貢率が高いこと。

▼神尾春央
一六八七〜一七五三。元文二年(一七三七)に勘定奉行となり、強力な年貢増長策を推進した。『西域物語』では「胡麻と百姓は絞れば絞るほど出るものなり」と言ったとされる。

三間の土塀で囲まれ、町内の道路のほとんどは途中で屈折され、見通しが利かないように作られている。

石山本願寺とともに今井郷も織田信長に敵対したことから、天正三年（一五七五）、信長の命を受けた筒井順慶と明智光秀に攻撃された。今井郷の門徒たちは、包囲されても半年以上を持ちこたえたばかりか、たびたび明智軍へ夜襲を仕掛ける勢いであった。最終的に一向宗の顕如が信長と和睦し、今井郷は堺の津田宗及の仲介で信長と和睦した。信長は、武装放棄を条件に今井郷の自治権を認めた。以後、堺（大阪府堺市）と強固な繋がりを持ち自治商業都市として経済発展を遂げ「海の堺、陸の今井」と呼ばれるほど栄えた。関ヶ原の戦いの後、徳川幕府は今井郷を幕府領に組み込んだが、元和五年（一六一九）からは大和郡山藩領となり今井町と称するようになった。

今井町の自治は、三人の惣年寄のもと、南町・西町・東町・北町・今町・新町の六町に概ね二人の年寄がおり、その下に町代・肝煎がいて警察権・司法権を持つ。大和郡山藩時代には、戸数約千二百戸、人口約四千人にもなり、豊かな財力を持つ町人たちは茶道・華道・能楽・和歌・俳諧などを嗜み、文化芸術の面でも大きく発展した。二〇〇軒以上の豪商を中心に、木綿・味噌・酒など多くの商品取引や金融業が発達し、大名への貸付も多く行われ「大和の金は今井に七分」と謳われるほどの経済力を誇った。

年貢を完済できずに疲弊した周辺の農村は、今井町の商家へ、田畑屋敷を抵当に入れて金を借りた。享保五年（一七二〇）には、周辺の九二カ村、約三千二百石を今井町の豪商が所持しており、多い時には七、八千石にまでなったこともあったという（『今井町史』）。

延宝七年（一六七九）以後、今井町は再び幕府領となり、寛保元年（一七四一）から芝村藩★の預かりとなった後、寛政六年（一七九四）から明治二年（一八六九）まで高取藩が預かり統治をした。

▼芝村藩
奈良県桜井市にあった藩。初代藩主は織田有楽斎の四男長政。廃藩置県まで織田家の支配が続いた。

幕府領預り地の石高の変遷

預り年	藩主名	預り地の総石高
元文３年(1738)	家包	20,400石
寛保元年(1741)	家道	49,000石
明和６年(1769)	家久	27,000石
明和７年(1770)		53,400石
寛政６年(1794)	家長	66,300石
享和元年(1801)		64,600石
文化６年(1809)		64,700石
文化13年(1816)		67,100石
文政４年(1821)		69,700石
文政７年(1824)		64,600石
文政８年(1825)		67,000石
文政12年(1829)	家教	49,500石
文政13年(1830)		51,500石
安政６年(1859)	家保	39,800石
文久３年(1863)		71,000石

『高取町史』高取藩御預所方を参考に作成

◇2 植村家長と取巻く人々

学問を推奨した植村家長のもとに優秀な人材が多く集まった。老中まで務めた家長は高取藩立藩時の石高に復し、植村家中興の祖と呼ばれた。

老中に上り詰めた藩主

九歳で跡を継いだ六代藩主家道の後、七代家久（いえひさ）・八代家利（いえとし）と短い治政が続いたのち、天明五年（一七八五）、家道の二男家長（いえなが）が三十二歳で九代藩主となった。家長は、寛政五年（一七九三）に奏者番（そうじゃばん）になり、寛政十一年（一七九九）に寺社奉行を兼務し、翌年には西の丸若年寄となって三職を兼務した。文化三年（一八〇六）には本丸若年寄に、文政八年（一八二五）に老中格となり、翌年には西の丸老中となっている。老中就任に伴い加増されて二万五千石となり、藩祖家政の時代の石高に復したことから、植村家中興の祖と呼ばれている。

十一代将軍徳川家斉（いえなり）の時代、文化や学問が大いに奨励された。徳川幕府が開かれて以後、三代将軍徳川家光の時代までは武断政治が敷かれていたが、松平定（まつだいらさだ）

植村家長時代の預り地

郡名	石高	村　名	現在の市町村名
高市郡 77カ村	2万2729石	土佐町村・土佐村・観覚寺村・上子嶋村・下子嶋村・清水谷村・松山村・吉備村・羽内村・藤井村・市尾村・谷田村・丹生谷村・薩摩村・森村・田井庄村・兵庫村・車木村・越智村・寺崎村・与楽村・佐田村	高取町
		阿部山村・大根田村・栗原村・平田村・立部村・野口村・橘村・桧前村・御園村・真弓村・岡村・栢森村・入谷村・畑村・冬野村・稲淵村・祝戸村・坂田村・尾曽村・細川村・上村・上居村・島ノ庄村・飛鳥村・東山村・小原村・豊浦村・八釣村・奥山村・小山村・雷村	明日香村
		大軽村・妙法寺村・北越智村・観音寺村・新堂村・八木村・四条村・縄手村・四分村・小房村・飛驒村・木殿村・田中村・高殿村・法花寺村・和田村・出屋舗村・石川村・見瀬村・醍醐村	橿原市
		西坊城村・出村・北根成柿村・南根成柿村	大和高田市
吉野郡 1カ村	290石	薬水村	大淀町
葛上郡 3カ村	1412石	原谷村・柏原村・今住村	御所市
葛下郡 1カ村	526石	今里村	大和高田市
十市郡 1カ村	139石	北八木村	橿原市

『高取町史』を参考に作成

政★の幕府批判による出奔事件や由比正雪の慶安事件★などにより、四代将軍家綱の時代から、大名たちへの統制が緩和された。学問・儀礼・教化を重んじる文治政治へ転換していったこともあって、元禄時代には歌舞伎・浄瑠璃・浮世絵などの文化が花開いた。

家斉の文化・文政期にこれらが隆盛したほか、寛政九年（一七九七）には、林家の私塾を幕府が整備拡張し、官営学問所「昌平坂学問所」を開いた。各藩も、こぞって藩校を開設するなどして学問に力を入れていった。

家長自身も学問や諸芸を好み、和歌や漢詩を得意とした。漢学者を招聘して家臣たちへ学問を奨励し、才能ある藩士たちが多く育った。

文政十一年（一八二八）に七十五歳となっていた家長は致仕願いを出したが、将軍徳川家斉から許されず在職のまま同年十月に病没した。

家長の弟、佐野義行

家長の弟義行は旗本佐野家の養嗣子となっている。佐野家の祖は下総国佐野城主で、豊臣秀吉に仕えていた時には三万九千石を領していた。慶長十九年（一六一四）に何らかの不始末があり所領を没収されたが、将軍徳川家光によって旗本に召し抱えられ、義行の代で三千五百石の知行地を得ていた。

▼松平定政
一六一〇～一六七二。久松松平家の松平定勝の六男。刈谷藩主。幕政批判の書状を老中に出して領地を返上したことから、兄の松山藩主松平定行のもとへ蟄居させられた。

▼慶安事件
慶安四年（一六五一）、由比正雪、丸橋忠弥らが中心となって起こした幕府転覆計画。途中で訴人が出て露顕し正雪は自刃し忠弥らは処刑された。

義行は安永二年（一七七三）に家督を継いで以後、将軍徳川家治の小納戸役★・小姓を務めた。次の将軍徳川家斉にも重んじられ、小姓頭取★・小普請組支配★・西の丸小姓組番頭・本丸小姓四番組頭・西の丸書院番頭・大番頭・西の丸側衆を務め、家治、家斉から数々の親筆の画を賜っている。

寛政三年（一七九一）、家長は義行とともに『並鄂百絶』と題する漢詩集を著している。家長が江戸や高取で詠んだ漢詩四九首、義行の漢詩四五首が集録されており、中には雪の日に高取城へ登り遥かに眺望する葛城の山々の美しさを詠んだものもある。義行もまた、高取や吉野山の風景を幾つか詠んでいる。

家長同様、漢詩や和歌に優れた義行は、寛政三年の春に家斉の狩りに随侍して飛鳥山（東京都北区）を訪れている。飛鳥山は八代将軍吉宗によって整備された花見の名勝で、明治十二年（一八七九）、渋沢栄一が別邸を構えたことでも知られる。義行は、小長谷政良・林忠勝・成嶋和鼎（竜洲）・成嶋峰雄（興山）などの幕臣十二人とともに飛鳥山の名勝を歌に詠み、それに粟田口直隆★の絵を添えて『飛鳥山十二勝図賛』を編纂した。序文は、林信敬が筆を採っている。

また、家斉の戸山荘遊観にも随行し、その見事さを『戸山の春』や『戸山御成の記』に著した。戸山荘は、尾張藩徳川家の下屋敷（東京都新宿区戸山）で、寛文十一年（一六七一）に造営された回遊式庭園である。面積一三万六〇〇〇坪に及び、水戸徳川家の上屋敷にある小石川後楽園と並んで文人や大名たちの羨望の的

▼小納戸役
将軍の日常の身辺雑務（髪月代・膳番・庭方・馬方・鷹方など）を行う職。

▼小姓頭取
将軍が起居し政務を行う中奥に詰める表小姓と、大奥への出入りや雑務を行う奥小姓があり、頭取はそれらを統率する。

▼小普請組支配
無役の旗本、御家人を統率する。

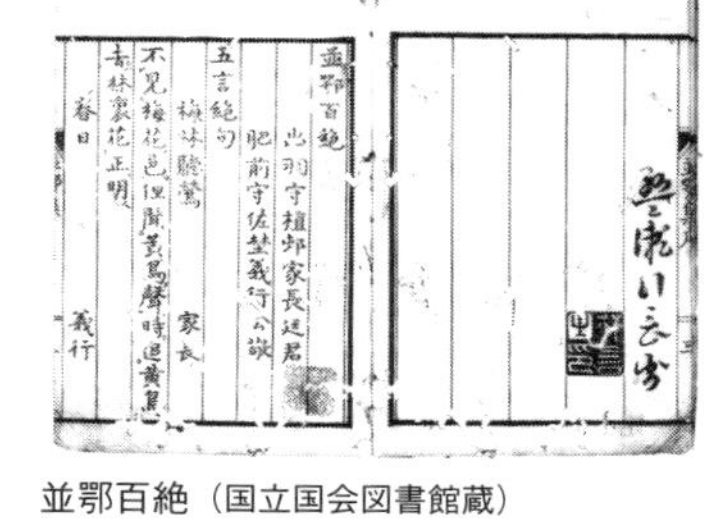

並鄂百絶（国立国会図書館蔵）

▼粟田口直隆
幕府の御用絵師。粟田口直芳（慶羽）の子。

であり、家斉は「江戸で第一の名園」と絶賛している。

侍講、鳥山輔昌

藩内の文化・学問の奨励に熱心に取り組んだ家長は、侍講に鳥山輔昌（石丈）を招聘し、儒学を講義させた。鳥山家は、江戸時代前期の歌人であり書家の鳥山輔忠（巽甫）、輔忠の子の輔寛（芝軒）、輔寛の子の輔門（香軒）の流れを汲む文人の家系で香軒は輔昌の高祖父にあたる。芝軒は書の軌範とされた二王★と三跡★を学び、また漢詩にも造詣が深かった。香軒も同様に書と漢詩を研鑽し、大坂で評判になるほどの人物であった。

輔昌は号を石丈といい、宝暦十年（一七六〇）に大坂で生まれた。前述のような環境で育った輔昌は、幼少の頃から学問に没頭し、『四書五経』などの経書や史書に親しみ、漢詩に秀でただけでなく唐語（中国語）にも精通し、『忠義水滸伝抄訳』などを著した。二十九歳で家長の侍講に招聘されたが、寛政七年（一七九五）三十六歳の若さで没した。輔昌の没後、高取藩は家族に扶持を与えて厚遇したとされる。

『飛鳥山十二勝図賛』の佐野義行の歌（国立国会図書館蔵）

▼二王
能筆家として有名な晋の書家、王羲之・王献之父子。

▼三跡
平安時代の能筆家である小野道風・藤原佐理・藤原行成。

藩医服部宗賢と一族

家長に取り立てられて藩医となり江戸でも名声を博した医師に、服部宗賢がいる。服部家は代々医者の家で、宗賢は、宝暦二年（一七五二）に越村（奈良県高市郡明日香村）に生まれた。名前時寿といい、号を宗賢または葛城山人という。十五歳で京へ出て畑黄山★に内科を、楢林由仙に紅毛流外科（オランダ流外科）を学び、小野蘭山★の衆芳軒で本草学を修めた。三年の修行ののち故郷へ戻って開業すると、治療の確かさから、遠方から患者が多く来院したという。

寛政四年（一七九二）、藩医となり家禄百石を賜り、藩主家長に従って江戸藩邸に侍した。江戸でも宗賢の治療はたちまち評判となり、諸候はじめ江戸の人々が治療を求めた。陸奥国白河藩主松平定信からも重んじられ、褒賞と「龍髯」の号を与えられている。家長が病臥した時は全快するまで百日余りの間、片時もそばを離れなかったという。

服部家の家訓は「病人に貧富なく、要請があれば行き、深夜暴風雨といえども辞さず」というもので、誰であっても懇切丁寧に診察し治療を施した。日頃から質素倹約に務め、凶作の年には飢人救済に奔走したほか、寛政七年（一七九五）には、越村の許世都比古命神社に鳥居を奉納し、寛政八年には、水害で流され

▼畑黄山
一七二一〜一八〇四。古医方を行い、後桜町上皇の侍医として宮中に出入りする傍ら、私財を投じて医学院を設け門弟約二千人を教育した。六十七歳で法印に叙せられ尚薬奉御となった。

▼小野蘭山
一七二九〜一八一〇。京都の本草学者。幕命により諸国へ採薬旅行に出て採薬記をまとめている。

豊年橋（奈良県高市郡明日香村）

た高取川の橋を村人のために私財で架けかえている。その年、稀に見る豊作になったことから橋は豊年橋と名付けられた。宗賢は、文政三年（一八二〇）、門弟たちに惜しまれながら六十九歳で死去した。

宗賢の跡を継いだのは長男時亮（ときすけ）である。時亮は寛政七年に十八歳で備後国福山藩へ赴き、儒学者菅茶山の私塾である黄葉夕陽村舎（こうようせきようそんしゃ）で学んだ。その後、京へ出て荻野元凱（おぎのげんがい）★や櫛林由仙、産科医の大家賀川玄悦（かがわげんえつ）★に付いて修行を重ねた。温厚寡黙な人物で、どんな時も憤懣の色を見せたことがなかったという。

宗賢の弟服部養純（やすずみ）も医者で、京都の和田東郭（わだとうかく）★に付いて学んでいる。飲酒しても決して酔うことなく、救急の要請が来れば昼夜寒暑を問わず出かけ、時間がある時は農作業をして過ごし、文政元年（一八一八）、五十六歳で没している。生前親交があったのか、頼山陽（らいさんよう）★が養純の墓碑の碑文を書いている。

許世都比古命神社と巨勢利和

家長や服部宗賢と少なからず関わりを持った人物に、巨勢利和（こせとしまさ）がいる。利和は丹波亀山藩主松平信直の四男で、天明六年（一七八六）、二十歳の時に家禄五千石の旗本巨勢至親の養子となった。寛政十年（一七九八）に西城書院番頭になって以後、本丸書院番頭、大番頭、二条城在番、西の丸側衆、本丸側衆と順調な出世

▼荻野元凱
一七三七～一八〇六。医学の中でも吐方を修め、症状に応じた処方が評判となり、朝廷の医官に任ぜられ、寛政六年（一七九四）、典薬大允のち尚薬となる。

▼賀川玄悦
一七〇〇～一七七七。産科医。胎児が子宮内で頭を下にしている「正常胎位」の発見、異常分娩時の救護術、産科器具の考案など、産科医療の基礎を築いた。

▼和田東郭
一七四四～一八〇三。戸田旭山や吉益東洞に古医方を学び、京都で医院を開業する。二条家に仕え、寛政九年（一七九七）、天皇の御医となり寛政十一年法眼に叙せられた。

▼頼山陽
一七八〇～一八三二。広島藩の儒者頼春水の子。福山藩の儒者菅茶山の塾で学ぶ。老中松平定信に献上された『日本外史』は幕末の尊王攘夷運動に多大な影響を与えた。

をしていった。号を椿園といい、書を加藤千蔭に歌を清水浜臣に学んだ文人で、約四十年の歳月をかけて『宇津保物語』全二十巻（平安時代に成立した長編物語）の研究に取り組んだ。それまで流布していた巻序が乱れた写本を競合し『宇津保物語新治』十巻を著している。同時に取り組んだのが巨勢氏の系譜を明らかにすることであった。巨勢氏は元々、巨勢郷（奈良県高市郡高取町から御所市あたり）を本拠地として勢力を誇った古代の豪族で、祖は孝元天皇の子孫とされ、神功皇后の新羅出兵を助けるなど大和朝廷で活躍した武内宿禰とされる。利和は「巨勢系図」を編纂し、巨勢氏の遺物の調査を行った。

　大和国高市郡越村に武内宿禰の第五子とされる許勢小柄宿禰を祭神とする神社があり、武内宿禰の第五子を祀ることから「五郎社」と称したと伝えられる。巨勢氏にまつわるこの神社が、延喜式神明帳に記された式内社「許世都比古命神社」に比定されるとして社号と祭神を考証していたのが高取藩医の服部宗賢であった。宗賢は、寛政七年に「許世都比古命神社」と記した鳥居を奉納し、植村家長も額を奉納している。

　利和は、宗賢の考証によってこの社が許世都比古命神社であると明らかになったことを歓び、境内にその縁起と建碑に至った事情を記した石碑を建立し後世へ伝えようとした。植村家長は碑文の書を引き受けている。こうして文化十年（一八一三）三月、境内に碑が建てられた。

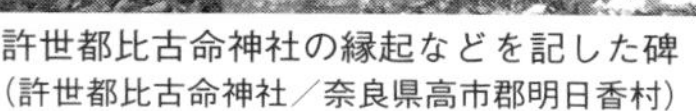

許世都比古命神社の縁起などを記した碑
（許世都比古命神社／奈良県高市郡明日香村）

寛政七年に服部宗賢が奉納した鳥居
（許世都比古命神社／奈良県高市郡明日香村）

吉川茂周の山稜調査

藩主家長のもと、高取藩の学問を牽引したひとりに吉川茂周がいる。吉川家は、古くは十市氏の家老であった。十市氏は、中世から戦国時代に越智氏、筒井氏、箸尾氏とともに大和国で勢力を誇った有力国人である。

天正十年（一五八二）、織田信長が本能寺で討たれた時、堺に逗留していた徳川家康は、急ぎ三河国へ帰国しようとした。明智光秀の軍勢、地侍、落ち武者狩りの農民などの襲撃を警戒しながらの逃避行で、この時、大和から吉川善兵衛・主馬之助父子が、家康を助けるために駆け付けた。宇治田原（京都府綴喜郡宇治田原町）で家康の一行は一揆勢に襲撃されたが、善兵衛・主馬之助父子は、道端の柏の木を折って馬標にして突撃し、一揆勢を敗走させたという。これにより吉川家は、家康から褒美として折れ柏の家紋を下賜されたと伝えられている。

植村家が高取藩へ入封した際、主馬之助は藩士に召し抱えられた。主馬之助から数えて十代目が茂周で、宝暦三年（一七五三）に生まれ、通称を覚兵衛といった。大変穏やかな性格で、学問を好み学んで厭きることが一切なく、また人に教える時も手抜きがなく熱心であったという。経書に精通し詩文に優れ、一方で戯れ歌や狂歌も好んだ。国学にも精通し山稜の荒廃に心を痛めた茂周は、大和国・摂津

折れ柏の家紋が入った吉川家の櫃（個人蔵）

国・河内国・和泉国の山稜を丹念に調査し『御陵考（ごりょうこう）』『摂河泉陵墓記（せっかせん）』を著した。

文化年間（一八〇四～一八一八）、幕府の儒学者屋代弘賢（やしろひろかた）★から各藩に、土地の風俗習慣を調査し報告するよう指示がなされた。高取藩では、茂周がその報告書『高取藩風俗問状答（たかとりはんふうぞくといじょうこたえ）』をまとめている。

▼屋代弘賢
一七五八～一八四一。幕府祐筆森尹祥に学び、持明院流の能書家塙保己一らに師事する。松平定信に認められて奥祐筆所詰となり、『寛政重修諸家譜』『藩翰譜続編』など数々の幕府編纂事業に関わった。

これも高取

植村家の菩提寺　江戸・如来寺と高取・宗泉寺

宗泉寺　奈良県高市郡高取町上子島

大名家の菩提寺は、領地と江戸の双方にあり、植村家では国元で没した藩主は、高取町上子島の宗泉寺へ葬られ、江戸で没した藩主は、江戸高輪の如来寺に葬られた。

宗泉寺の創建は、寺伝によれば元禄十一年（一六九八）で、初代藩主植村家政の父家次の法名「正覚院殿一山宗泉大居士」をもって宗泉寺としたとされる。本堂裏手に、四代藩主家敬から十四代藩主家壺、子爵家治を中心に、植村家一族の墓所が広がる。

四代　家敬　正善院殿仁岳道義大居士
五代　家包　隋縁院殿実応性遍大居士
六代　家道　等覚院殿観道性応大居士
七代　家久　諦観院殿頓悟宗円大居士
十一代　家貴　徳現院殿浄雲普光大居士
十三代　家保　憲譲院恵厚稟聖大居士
十四代　家壺　聖寿院瑞光慈照大居士
子爵　家治　実照院殿普光徳現大居士

養玉院如来寺　東京都品川区西大井

如来寺は、寛永十三年（一六三六）、木喰但唱が、五智如来像（大日如来・釈迦如来・阿弥陀如来・宝生如来・薬師如来）を彫り上げ、高輪（港区）に安置し開いたことに始まる。東海道沿いでもあり、「芝の大仏」と呼ばれ参詣人で賑わった。

明治四十一年（一九〇八）、東京都品川区西大井に移転し、大正十二年（一九二三）に、上野寛永寺の一山であった養玉院と合併して養玉院如来寺と称した。移転後は「大井の大仏」として親しまれている。高取藩植村家と対馬藩宗家の菩提寺で、高取藩は初代藩主家政から以後、江戸で没した藩主や江戸住まいの室や子女たちが葬られている。

養玉院如来寺の植村家墓所（東京都品川区）

初代　家政　本真院殿前羽州大守了学日栄大居士
二代　家貞　泰祥院殿一峯空顕大居士
三代　家言　高性院殿幽山素玄大居士
八代　家利　到岸院殿観山道勇大居士
九代　家長　浄徳院殿顕誠有隣大居士
十代　家教　厳光院殿智達映雲大居士
十二代　家興　映顕院殿彰感円通大居士

これも高取

大和清九郎物語

これは高取藩に住む浄土真宗の門徒で、孝行者、妙好人と讃えられた清九郎の物語です。

清九郎は延宝六年（一六七八）生まれ、幼いころは丹生谷村（高取町丹生谷）で暮らしていました。家は貧しく、清九郎は無学で字を読むこともできませんでしたが、

清九郎の肖像
（妙好人大和清九郎会館蔵）

大変心の優しい少年で、とりわけ母を大切にしていました。

下市（奈良県吉野郡下市町）のある商家に奉公に出た清九郎は、朝から夕方まで働いていました。父が亡くなり家に母ひとりになると、夕方に仕事を終えた清九郎は奉公先の主人の許しを得て家へ帰り、薪を割り、水を汲み、母の世話をして深夜に奉公先に戻る生活を、一日も欠かさず続けました。

成長すると奉公をやめて妻を娶り、柴刈りや農業で暮らしていましたが、馬に人や荷物を乗せて運ぶ「馬追い」という仕事を始めました。しかし、馬追いの仕事仲間は荒くれ者ばかりで、だんだんと清九郎は荒くれ者たちと同じように博打、喧嘩、酒浸りの生活になっていきました。人々から疎まれるようになり、博打で家はますます貧しくなっていきました。

ある大雨の日、家に雨漏りがするので清九郎は、百姓家に置いてあった莚を盗んできました。それを見た百姓は怒り、清九郎を罵りました。清九郎は言葉もなく、自分が人々から嫌われていることを痛感して、表に出ることさえ恥ずかしく感じました。

清九郎は、鉾立村（奈良県吉野郡大淀町）へ住まいを移しました。そして妻の諫言を入れて博打や酒をやめ、農業に精を出し働きました。しかし、これまで清九郎の荒んだ生活の陰で苦労をしてきた妻は、病で亡くなってしまいました。清九郎は嘆き悲しみましたが、人々は、愚かな行いの報いだといって笑いました。清九郎には、母と一人の娘が残されました。

ある時、鶯がそばにきて鳴くのを不思議に思った清九郎は、光善寺の寺僧に聞いてみました。

「鶯は、法を聞け、と鳴いている。蓮如（れんにょ）上人（しょうにん）も鶯を愛玩されたのだ」

と、寺僧は話してやりました。あの鶯は自分に法を聞けと言い聞かせているのだ、と感じた清九郎は、法談に出かけてみました。そこで、

「たとえ十悪五逆の罪人でも、念仏を一心に唱えると、阿弥陀如来様が極楽浄土へ往生させてくれる」

という話を聞いたのです。清九郎は浄土

真宗の教えに深く帰依し、毎日念仏を唱えるようになりました。

清九郎は農業に励み、柴売りをして働きました。柴を買いたいという人には、相手の言い値で売ったので、いつも損をしていましたがお構いなしでした。

ある日のこと、盗賊が家へ押し入ってきました。清九郎は盗賊を気の毒に思い、

「貧しい家なので差し上げるものはないが、目に留まったものがあれば持っていってください」

と言い、食事をこしらえ酒を出してやりました。盗賊は清九郎の心の深さに感じ入り、何も取らずに礼を述べて立ち去りました。

人々は呆れましたが、清九郎は、

「私は仏のお慈悲によって、働いて生活ができているから、盗む気持ちが起こらないだけで、人はみな凡夫である。盗まれる身になっているのは、ありがたいことだ」

と話したのでした。

またある日、清九郎は諸国行脚をしている人に出会いました。その人の着物は破れ、寒さで今にも倒れそうでした。清九郎は自分の着物を脱いで、その人に着せてやりました。

村人が清九郎の家を訪ねてきた時、天井から枕が吊ってあるのを見ました。不思議に思ってわけを聞くと、清九郎は、

「これは母の枕です。もし暗がりで母の枕を足で蹴ってしまってはいけないので、こうして吊っているのです」

と答え、人々はみな感心しました。

京都の本願寺へも年に三、四度は参詣をするようになりました。参詣する時は、よく洗って乾かした柴を背負って行き、穢れがつかないよう、道中は一度も降ろさずに持っていくのでした。本願寺でも清九郎の柴を大切に扱い、毎朝、御仏飯を炊く時に使いました。母を伴って参詣する時には、母を背負って京都まで二十里の道を往復しました。

清九郎のこうした行いは、やがて高取城のお殿様の耳に入り、その孝徳を讃えて米五俵を褒美に贈られました。しかし、清九郎は、

「子が親に仕えるのは当たり前の事です」

と言って、受け取りませんでした。お殿様は、ますます感心して銭十貫を贈り、

「領内の山林で自由に柴を刈ってもよい」

との許しを与えました。清九郎は再度の辞退もできず褒美をありがたく受け取り、すべて本願寺へ寄進しました。

享保四年（一七一九）のことです。東本願寺で大門ご建立の手斧始めがありました。清九郎は、寄進したいと思いながらも貧しいためお金もなく心苦しく思っていました。ある年の十一月、娘が苦労をして浅黄縞の綿入れを仕立ててくれました。喜んだ清九郎は、それを着て本願寺へお参りし、寄進所で綿入れを脱いで差出しました。お寺の人も驚いて、

「気持ちはありがたいことだが、この寒い時に、それがなければ貴方の身体に良くない。寄進は今でなくてもよかろう」

と言いました。しかし清九郎は、綿入れを寄進すると襦袢一枚で京都から家へ帰ってきました。一足先に村へ帰ってきた鉾立村の同行衆から、その話を聞いた娘は、自

分が縫いあげた綿入れが寄進されたことを喜んだものの、帰りの父の体調を案じて途中まで迎えに出向き、自分が着ていた着物を父に着せたのでした。

やがて娘は年頃となりました。清九郎が娘の婿に選んだのは、村で有名な荒くれ者の久六でした。村人たちは、

「博打や喧嘩三昧の乱暴者久六などとは、うまくいくはずがない」

と、噂し合いました。しかしあれほど乱暴者だった久六は、婿にきてから三十日もたたないうちに、清九郎の仁徳に心を打たれて生活を改め、孝心をもって清九郎に尽くすようになったのです。

清九郎の深い信仰心と孝徳は、次第に世間に知れ渡り、清九郎は本願寺で宗主と対面して浄元の法名を給わり、参詣のたびに盃と菓子を贈られるようになりました。

清九郎は無学でしたが、言うこと、行うことはすべて仏の教えに叶ったもので、清九郎の話を聞きに遠くから訪ねてくる信者も大勢いました。そうした人たちは多少のお金を置いて帰りましたが、清九郎は一切受け取らず、

「自分は貧しくても日々の食物があり着物もあり、雨露を凌ぐ家もある。これ以上の望みはありません」

と、答えるのが常でした。

寛延三年（一七五〇）、清九郎は病にかかり、病床で日夜念仏を唱え続け、八月四日に亡くなりました。七十三歳でした。

清九郎の信心と孝徳は世に語り伝えられていきました。清九郎が亡くなって十四年後の明和元年（一七六四）、和泉国明厳寺の住職覚順が清九郎の伝記を記した『崑崙実録』を世に出しました。その後、『孝信清九郎物語』（明和四年刊）・『和州清九郎伝』（享和元年）、『妙好人伝』（文政元年）などが相次いで出版されました。明治以後も多くの伝記が相次いで出され、雑誌や小学校の修身教科書も含めると約五十冊にもなります。

清九郎の墓は、因光寺（高取町丹生谷）の奥の鉾立峰にあり、今も多く人が参詣に訪れています。平成四年（一九九二）、清九郎の遺品や関係文書を蒐集展示する「妙好人大和清九郎会館」が因光寺の檀家や有志によって設立され、平成十二年、同寺で二五〇回忌が営まれ、銅像・顕彰碑が建立されました。

妙好人　大和清九郎会館の問い合わせ
高取町丹生谷五七五
最寄駅　近鉄吉野線葛駅

因光寺にある妙好人　大和清九郎会館
（高取町丹生谷）

第三章 城と城下町

豊臣秀長によって大改修された高取城。植村家の治世となり城下町が築かれる。

石川医院へ移築された藩主屋敷の門

①中世の築城から近世城郭へ

高取城は元弘二年に南朝の味方をした越智氏が築いて以後、織田信長によって破城となるが、豊臣秀長が大和の重要拠点として再築城した。江戸時代、高取山に聳える城の美しさは芙蓉城と呼ばれ旅人の足を止めた。

破城後、再築城される

高取山の山頂に城が築かれたのは、元弘二年（一三三二）、越智家九代越智邦澄が、鎌倉幕府倒幕を志した後醍醐天皇に味方し、大塔宮護良親王（後醍醐天皇の皇子）の令旨を賜って築城したとされる。構造は、自然の地形に掘割・腰郭★などを配置した掻き揚げ城★で、それまで越智氏の居城であった貝吹山城（高取町越智）の後詰★として造られた。

天正四年（一五七六）、織田信長は筒井順慶を大和守護に任じ、天正八年、順慶の居城である大和郡山城（奈良県大和郡山市）を除いて、大和国内の城の破却を命じた。高取城は一旦廃城となったが、天正十年（一五八二）に信長が本能寺の変で横死すると、筒井順慶は、翌年に家臣松倉重信（勝重）を高取城へ入れた。

▼**腰郭**
山城などで本丸と二の丸の間に高低差がある場合、中腹に設けられた郭。

▼**掻き揚げ城**
堀を掘り、土を掻き揚げて土塁を築いた城。

▼**後詰**
救援のため後方に備えておく予備。

大和国を平定していく上で、吉野の北に位置する高取城の重要性を感じていた順慶は、高取城を大和郡山城の詰城と位置付けて修復を開始した。天正十三年、豊臣秀吉によって筒井定次（順慶の養嗣子）が伊賀国へ移封されると、重信もそれに従っていき、城の修復は途中で終わった。

吉野・熊野の抑えの城

筒井定次の後に大和郡山城主となったのは秀吉の弟の豊臣秀長で、紀伊国・大和国・和泉国三カ国の領主として百万石を有した。秀長も高取城を重要視し、大和郡山城の整備拡大を行うと同時に、重臣本多利久を高取城へ入れて本格的な再築城に取り掛かった。新しく縄張り★を配置する拡張工事で、大和一国三年間の年貢を高取城の築城費に宛てたともいわれている。

目的は、吉野・熊野地方の勢力を抑えることにあった。紀伊国や吉野・熊野地方は、壬申の乱★や南朝など、中央の権力に反旗を翻す者たちが常に拠り所にしてきた場所である。応仁の乱後、後南朝★の後継は絶えたが、吉野山金峯山寺（奈良県吉野郡吉野町）を根本道場とする修験者たちの勢力も大きく山岳地帯であることから中央の支配力は及びにくいものがあった。

秀吉は、紀伊国北部で力を持っていた真言宗総本山根來寺（和歌山県岩出市）の

▼**縄張り**
堀・郭・門・虎口など、城郭全体の配置と広さを決める設計。

▼**壬申の乱**
天武天皇元年（六七二）、天智天皇の死後に起こった大海人皇子（天智天皇の弟）と大友皇子（天智天皇の子）の皇位を巡る争い。

▼**後南朝**
南朝再建活動を続ける南朝の皇子の系統。

僧兵根來衆（ねごろしゅう）や雑賀惣国（さいかそうこく）★の地侍雑賀衆を制圧し紀伊国を平定したばかりで（紀州征伐）、秀長が大和郡山城に入城した翌年の天正十四年（一五八六）には、太閤検地への反発から一揆が紀伊半島南部の熊野★・北山一帯で起きていた。秀長の家臣藤堂高虎は、一揆鎮圧のため熊野に新たな城を築城して拠点を構えなければならなかったほどで、鎮圧に三年の月日を費やした。

慶長十九年（一六一四）、紀伊国和歌山藩主浅野長晟（あさのながあきら）の統治に不満を募らせた熊野の地侍たちが蜂起した。新宮城★主浅野忠吉（あさのただよし）が大坂冬の陣へ出兵した隙に新宮城を攻撃してきたが、冬の陣が終わって帰国した浅野忠吉らは田平子峠（たびらことうげ）（三重県熊野市）で一揆関係者約三六〇人を処刑するという大規模な鎮圧を行った。この二度の一揆を総称して、北山一揆と呼ばれている。高取城は、このような北山・熊野地方と京都のほぼ中間に位置する。紀伊半島南部における不穏な動きを警戒し奈良や京都を防衛する重要拠点とされたようだ。

関ヶ原合戦の前哨戦、高取城の戦い

豊臣秀長が天正十九年（一五九一）に死去し、続いて秀長の養嗣子秀保（ひでやす）が文禄四年（一五九五）に死去すると、大和郡山城には豊臣政権の中枢を担う五奉行★のひとり増田長盛（ましたながもり）が二十万石で入った。慶長三年（一五九八）、豊臣秀吉が死去する

▼雑賀惣国
和歌山県和歌山市全域と海南市の一部北西部。雑賀荘、十ヶ郷、中郷、社家郷、南郷の五つの里を総称して雑賀惣国という。その地侍たちを雑賀衆という。熊野水軍の流れを汲み海運や貿易を行うほか、強力な傭兵集団として存在した。

▼熊野
和歌山県南東部・奈良県南部・三重県南部の一帯。

▼新宮城
和歌山県新宮市にあった城。

▼五奉行
豊臣政権の実務を担った五人の奉行で、前田玄以、浅野長政、石田三成、増田長盛、長束正家の五人。

と徳川家康の勢力が拡大し、家康と、豊臣家の存続を考える石田三成らとの対立が激しくなった。

高取城主は豊臣家の家臣本多利朝であったが、利朝は家康側に付き、慶長五年（一六〇〇）、家康に従って上杉景勝征伐のため関東へ下り、関ヶ原の戦いへも出陣した。家康が関東へ下った隙に、石田三成・毛利輝元らは家康討伐の兵を挙げ、伏見城（京都市伏見区）、丹後田辺城（京都府福知山市）など畿内の徳川方の城を攻撃し始め、高取城もその標的となった。

伏見城は、宇喜多秀家、小早川秀秋ら約四万人の豊臣軍に攻撃され、徳川家家臣鳥居元忠らは城内で玉砕して十日余りで落城した。丹後田辺城主は、当代きっての文化人であり、二条家歌学の正統で古今伝授★を受けた歌人の細川藤孝（幽斎）であった。福知山城主小野木重次ら約一万五千人の軍勢に攻撃されたが、藤孝の死によって古今伝授が失われることを憂慮した朝廷が介入し、六十日間の籠城の末に和議が結ばれた。

高取城は、増田長盛の軍勢約二千人の攻撃を受けた。本多利朝が主力を率いて関東へ下向していたため、城内には留守を預かる家臣がわずかにいるだけであった。増田軍の使者の「本多家は豊臣秀長の家老である。豊臣家の恩を忘るべからず」との口上に対して、留守居役本多正広や家老などが「どちらに味方するべきか主からの下知を待って返答する、それまでお待ちくださるべし」と申し送った

▼古今伝授
『古今和歌集』の詠み方や解釈を師匠から教わり伝授していくこと。

が、増田軍が城下町の民家や侍屋敷に入り込んで乱暴狼藉を働いた。これに憤った家臣たちは徹底抗戦することを決意し、山城の特性を生かした戦術で増田軍を敗走させた。豊臣秀長が莫大な資金を投じて再構築した城が、今度は徳川方の城となって豊臣勢に牙をむいたのである。

『改正三河後風土記』は、この一連の戦の状況を述べ、高取城について「この城、地形もとより高く聳え四方に続く山々皆嶮岨なり。近き所に取り登るべき路もなく、孤城、巌壁によりて並びなき要害」と記している。

城の構造

天守は、標高五八三・六メートルの高取山山頂に築かれている。城下町と家中屋敷の境界に設けられた釘抜門（くぎぬきもん）から天守台までの比高は四四六メートルで、これは近世の城郭では日本一である。

本丸は三重の天守と三重の小天守、煙硝櫓（えんしょうやぐら）、鉛櫓（なまりやぐら）、具足櫓（ぐそくやぐら）、鎧櫓が連結されており、その周囲を取り囲む帯郭とで二重の縄張りとなっている。西側に二の丸があり、そこから北へ向かって扇状に吉野口郭（よしのぐちくるわ）、井戸郭（いどくるわ）、壺坂口郭（つぼさかぐちくるわ）で形成される三の丸が広がる。三の丸には城代屋敷があった。さらに北へ、七曲りと呼ばれる屈曲した道、一升坂と呼ばれる峻険な坂道が麓の別所郭へ通じており、道の

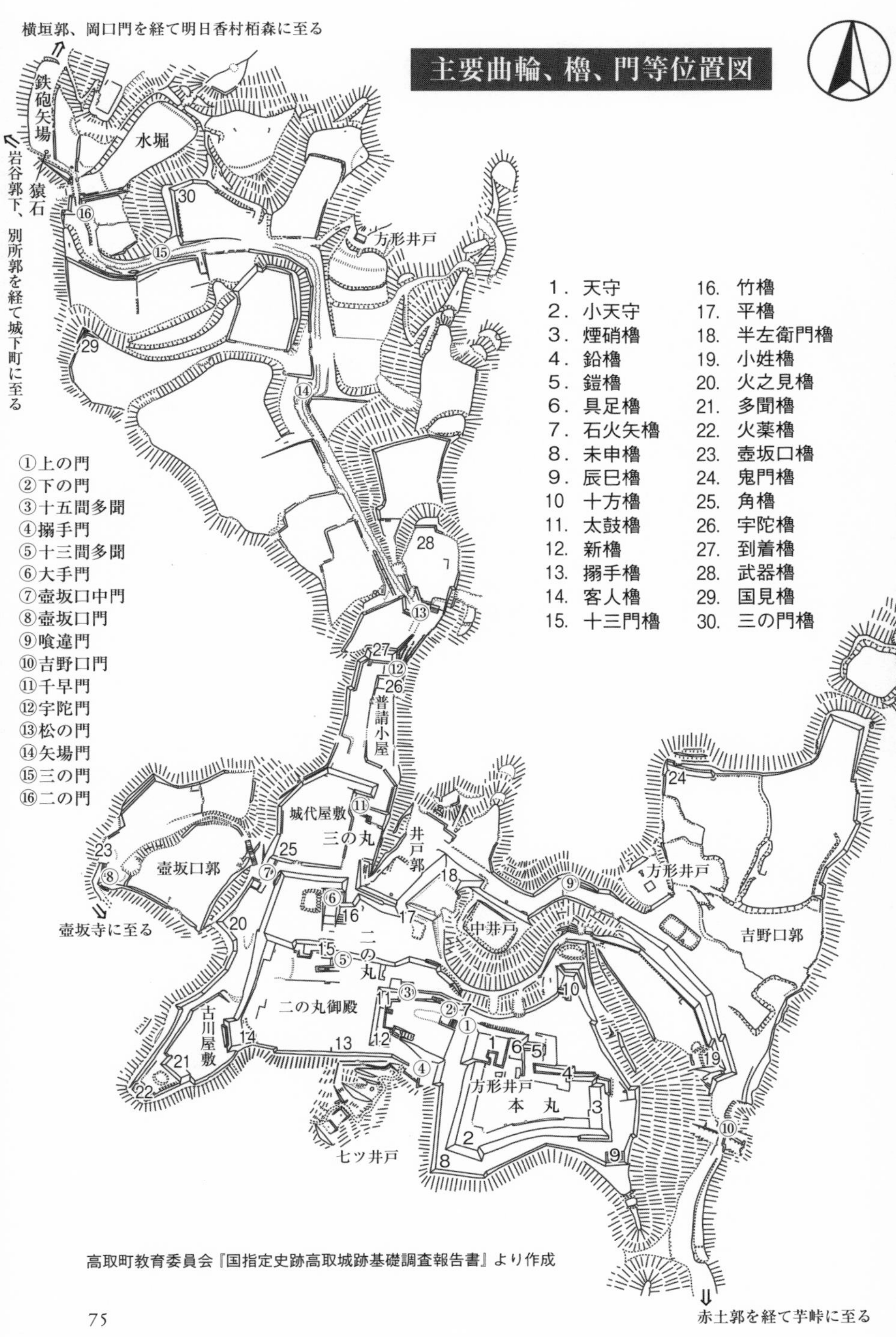

高取町教育委員会『国指定史跡高取城跡基礎調査報告書』より作成

高取城縄張り中心部

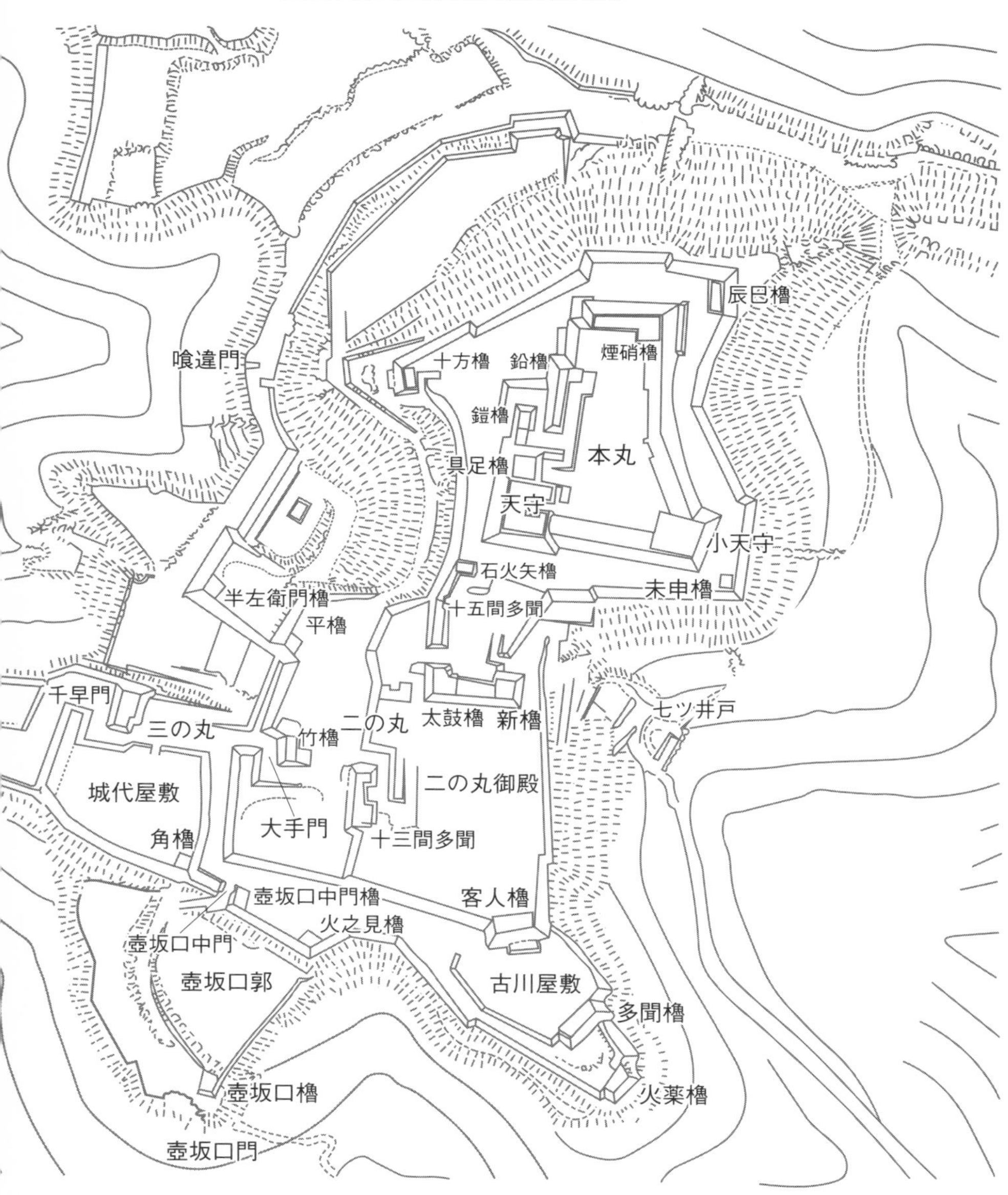

高取町教育委員会『国指定史跡高取城跡基礎調査報告書』より作成

両側には武家屋敷が広がり要所に門と櫓が配置されている。

敷地は、別所郭の入口になる一の門（黒門）から内側を郭内といい、二の門から内側を城内と呼ぶ。郭内は十二の郭で構成され、天守と小天守を含む三十の櫓と十六の門を有し、九つの橋梁と五カ所の堀切を備える。「高取城廓内地所建物調」によると、郭内の周囲は約二十八キロメートル、面積は約千八百八万八千坪（約六千万平方メートル）で、城内の周囲は約三キロメートル、面積は三三五三坪（約一万平方メートル）、土塀の総間数は一五九八間三尺（約二千九百メートル）、石垣の総間数は約三千六百メートルに及ぶ。

水の確保もなされており、井戸が随所に作られていた。本丸に一カ所、矢場門の北に一カ所、井戸郭に二カ所、二の丸南側には七つ井戸と呼ばれる七カ所の井戸がある。また、二の丸外側に高取川の水源があり、ここから水堀が巡らされていた。

各建物の構造は正保年間に作成された「大和国高取城城規」に、天守・櫓・門、廊下、風呂場から雪隠に至る迄の大きさと坪数が細かく記されている。これは正保元年に幕府から各藩へ城絵図の提出が命じられた際に、作成されたものと考えられる。

江戸時代末期の高取藩の軍学者福田耕平は、明治二十二年に「大和国高市郡高取旧築城要旨聞伝略書」を残している。それによると「諸郭並びに門々に至

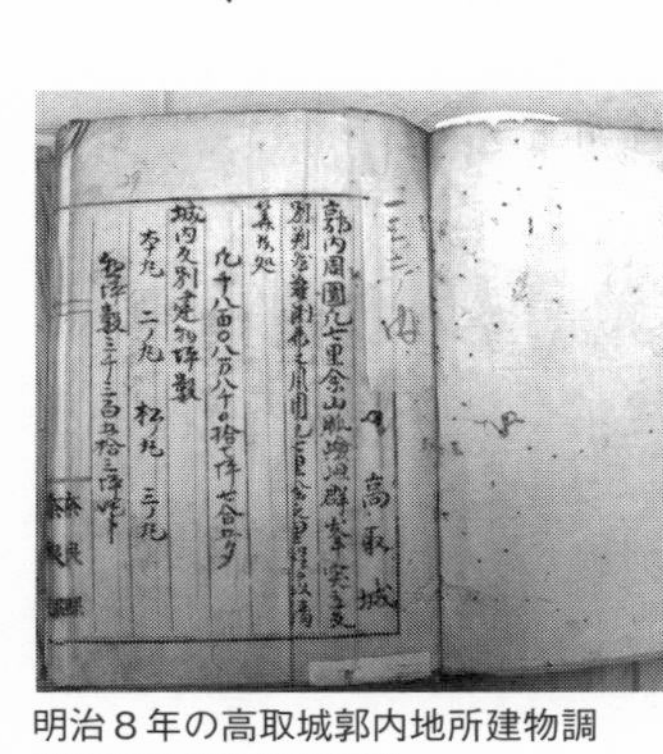
明治８年の高取城郭内地所建物調
（奈良県立図書情報館蔵）

大和国高取城城規
（奈良県立図書情報館蔵）

高取城の郭と櫓の構造

郭名	櫓名	構造	桁行・梁行
本丸	天守	三重三階地下一階 唐破風・千鳥破風を備える	上の重５間・４間２尺／中の重７間・６間２尺／下の重８間・７間２尺
	小天守	三重	上の重２間半四方／中の重４間４間四方／下の重６間四方
	煙硝櫓	南北両端の三重の櫓を二重の多聞で連結	下の重11間半・４間半 南の櫓　上の重２間・２間半／中の重３間半・３間 北の櫓　上の重２間四方／中の重２間四方
	鉛櫓	一重	３間・１間半
	鎧櫓	一重	７間・２間半
	具足櫓	二重	５間半・３間
本丸腰廓	石火矢櫓	一重	５間・２間
	未申櫓	一重	３間・２間
	辰巳櫓	一重	４間・２間
	十方櫓	二重	10間・４間
	太鼓櫓	二重	４間半・３間半
	新櫓	二重	３間・４間
二の丸	搦手櫓	二重	３間半・２間半
	客人櫓	二重（三重の角櫓が付随する）	３間・２間
	十三間多聞	一重	７間・２間半
	竹櫓	一重	
	平櫓	一重	
	半左衛門櫓	二重	６間・２間半
	小姓櫓	一重	３間・２間
三の丸	角櫓	二重	
	宇陀櫓	一重	５間・２間
	到着櫓	一重	６間２尺・２間半
吉野口廓	鬼門櫓	一重	
壺坂口廓	多聞櫓	一重	
	火薬櫓	二重	４間・２間半
	火之見櫓	三重	５間・２間
	壺坂口櫓	二重	３間５尺３寸・２間２尺
大手廓	武器櫓	一重	
	国見櫓	二重	４間・３間
	三の門櫓	二重	３間・東側４間３尺、西側２間３尺

（『高取城御城規』、山内昭『高取城御城規解読所』、高取町教育委員会『国指定史跡高取城基礎調査報告書』を参考に作成）
（『高取城御城規』の成立年代から、１間＝６尺５寸、換算２m弱）

るまで悉く皆、陰の縄張り★なり。是、堅固に堅固を重ね防守を専要とし、力攻には決して落ちぬ様の構築なるを見るべし」とあり、守りに徹した構造であったことが分かる。

城を守護する四天王

豊臣秀長の命によって本格的な再築城が始まった際、四人の人物が、築城の中心になったといわれる。本多家の家老本多外記（ほんだげき）、城の縄張りを考えた軍学者の諸木大膳（もろきだいぜん）、石工棟梁の清水勘太郎（しみずかんたろう）、大工棟梁の太郎なる人物である。彼らは死後、それぞれ大手口・岡口・吉野口・壺坂口の四道の入り口に埋葬され、城の守護神として祀られた。

本多外記は、吉野口門外の赤土郭（せきどくるわ）から芋峠（いもとうげ）★へ通じる場所に埋葬され、外記塚（げきづか）と呼ばれている。諸木大膳の墓は岡口門脇の高台に埋葬され、その場所は諸木台（もろきだい）と呼ばれる。勘太郎は壺坂口門の外の八幡郭（はちまんくるわ）から壺坂へ通じる場所に、太郎は大手口途中の岩屋郭北側に埋葬されたとされている。植村家の時代になり、この四カ所は植村家家中の墓所になり、今も多くの藩士たちの墓石が立ち並ぶ。

▼陰の縄張り
専守防衛を第一に考えられた城の構造。敵の進入が困難なように造られている。

本多外記の墓

▼芋峠
明日香村稲淵、栢森から吉野町千股へ続く標高五五六メートルの峠。

地誌や案内記にみる高取城

高市郡は、古くは鷹鞭郷（たかむらごう）といい高取山は別名を鷹鞭山という。「鷹取」「高取」または「竹取」とも表記されており、江戸時代の国学者契沖（けいちゅう）★は『万葉代匠記（まんようだいしょうき）』で「高取山は昔は竹取といい、かの翁が住んでいたところだろうか」と書いており「竹取物語」の翁が住んでいた伝承地といわれる。

高取城は別名を芙蓉城（ふようじょう）といい、各郭が階段状に配置され、天守・櫓・土塀などの白塗りの建造物が幾重にも屹立するさまが芙蓉（蓮）の花に例えられた。城は大和盆地からよく見え「たつみ高取雪かとみれば雪でござらぬ土佐の城」というわらべ歌がある。たつみ（東南）方向の高取山は雪が積もっているのかと思い、よく見ればそれば土佐（城の麓の城下町）の城であった、という。

名勝旧跡の多い大和国へは、江戸時代、庶民から文化人まで多くの人が訪れた。飛鳥や吉野へ来る人々は、高取藩の城下町で足を留めており、高取山に聳える城は旅人の注目を集めた。

当時の高取城の様子は、さまざまな地誌や紀行文に登場する。貝原益軒（かいばらえきけん）★は『和州巡覧記（やまとめぐりのき）』（元禄九年刊）で、高取山について「土佐町の東にあり、山上に城あり。山上より吉野よく見えて、佳景なるよし聞こゆ。高山の上に城あるは、当

▼契沖
一六四〇～一七〇一。高野山で修行した真言宗の僧。近世国学の先駆で、本居宣長に多大な影響を及ぼした。

▼貝原益軒
一六三〇～一七一四。朱子学者であり本草学者。福岡藩の文治政策の中心的存在。自宅で野菜や花を栽培研究し『大和本草』『養生訓』などを著した。

世稀なり」と記しており、秋里籬島(あきさとりとう)★は『大和名所図会(やまとめいしょずえ)』(寛政三年刊)で、高取山城を「土佐町を登る事五十余町なり。坂路羊腸たり。これ要害の地、南朝ここに築きて北兵を禦ぐといふ」と紹介している。

▼秋里籬島
京都の読本作者で、『都名所図会』をはじめ各地の「名所図会」を刊行。

将軍家光から城常普請の許可があった高取城は、山城ゆえに普請も容易ではなかった。居住にも不便で、初代藩主家政は麓に屋敷を構えた。家臣たちも時代の変遷とともに各郭の屋敷から城下へ居を移す。

城常普請のお墨付き

藩主が城郭の修復や建て替えをするには必ず幕府へ届け出をしなければならなかったが、植村家が入封した際に三代将軍家光から、城を維持するため本知行（ほんちぎょう）★以外に城を囲む山林と小物成（こものなり）★など五千石を付けること、城普請は自由にしてよい、との言葉があった。「和州高取城主植村家記」には「城は山頂に在るをもって破損常に多し、損ずごとに即ち修して又請う勿れ」と、山頂の城は破損も多いだろうから城の修理は伺いを立てずに行ってよろしい、との家光からの言葉を賜ったことが記されている。

城周囲の山林は、高取山を中心に南北に二八町（約三キロメートル）、東西に三〇町一七間（約三・三キロメートル）あり、藩の管理のもとで伐採や植林が行われ、

▼本知行
本来の知行地。

▼小物成
田畑にかけられる年貢以外の雑税。

材木は城の修復に使用された。標高が高い山中の建造物は、台風のたびに損傷があった。生活に困窮する百姓を雇い入れ、木を伐採し製材して建造物を修復することが、救民対策の一環になっていた。

高取山を巡る争い

藩は当初、入会地★を設けていたが、入会権★を求める争いや事件は絶えず起こった。延宝三年（一六七五）、吉野郡比曽村（吉野郡大淀町）の百姓三〇人が無断で高取山に侵入し下草を刈る事件が起きている。百姓たちは藩役人に発見され、双方で争いとなり死者が出た。百姓側は奈良奉行へ訴えたが入牢処分になった。この一件で、藩は杭や石塚を築いて山の境界線を明確に示したが、その後も無断侵入者は後を絶たなかった。入会権のない村が入会権を持つ村と衝突することもあり、元禄年間（一六八八～一七〇四）の終わり頃に幕府によって狩猟や伐採を禁止する留山とされた。

高取藩は留山解除の願いを出し、宝永七年（一七一〇）に許されたが「草木が茂った時のみ勝手次第に伐採してよい」との条件が付けられた。それに対して、四代藩主家敬は条件撤回を願い出ている。

その後も争いがあったためか、六代藩主家道は、寛保元年（一七四一）に城周

▼入会地
木材、薪炭、刈敷肥料などを採るために、住民が共同で利用した一定範囲の山林。

▼入会権
入会地の共同利用を行う権利。

りの山林について幕府の検分を受けた。この時、幕府役人から木々が殆ど伐採されているのはどういうわけか、と指摘を受けた家道は「先祖植村家政が大猷院様（たいゆういん）（三代将軍家光）から、高取城周囲の山林は永久に自由にしてよいとの許しを得ている」と主張し、のちに禍根を残さないよう覚書に記している。

江戸時代末期には、山林を家中や村に貸し出して年貢を徴収するなどしている。高取山を中心とする城周囲の山林は、軍事的にも経済的にも重要であることから高取藩が一貫して所有し続け、明治以後、そのまま官有林に編入された。

寛保元年に植村家長が記した城山山林に関する覚書（奈良県立図書情報館蔵）

城下町

城下町は土佐村・土佐町・観覚寺村（かがくじむら）・下子島村（しもこじまむら）の四つからなり、古代大和の交通路のひとつである下ツ道（しもつみち）★（中街道）から分岐する土佐街道（とさかいどう）★が中心を通る。四町は藩の公用や別所郭までの道普請、藩主在府中の道清掃などを行う代わりに村方人足などは免除された。

中でも土佐町は、文禄三年（一五九四）に総勢五千人の供を連れて吉野へ花見に来た秀吉を、本多利朝が土佐村（高取町下土佐）に茶屋を建ててもてなしたことから町が形成されたといわれ、茶屋を中心に町並みが繁栄してきた。土佐村と分けて、土佐町は城下町の中心部となり、約八割が商家で万屋五兵衛（よろづやごへえ）、池田伊（いけだい）

▼下ツ道
山城国から平城京の朱雀大路、藤原京の西を通って南進する、大和国の中央を南北に縦貫する道で、近世は中街道という。

▼土佐街道
御所（御所市）から土佐町へ通じる街道。

兵衛、伊勢屋（臼井家）などの豪商が軒を連ねていた。

土佐町の地名の由来

土佐町の「土佐」の地名は、六世紀から七世紀に都造営の労役で、地方から大和へ働きにきた人々が、それぞれの国ごとに固まって住み、出身国の名をつけたことに由来するという。都の造営がなった後、人々は帰郷の費用に事欠いて帰国できず、やむを得ず定住したとされる。土佐町以外にも明日香村周辺には、薩摩・吉備（高取町）、越（明日香村）、飛驒（橿原市）、上総・備前・武蔵（天理市）、豊前・出雲（桜井市）、石見・但馬・三河（磯城郡三宅町）など、旧国名を冠した地名が数多く残っている。

山城から麓へ移り住む

初代植村家政は、高取藩入封時、城下町から最も近い別所郭内に屋敷を設けた。しかし、麓とはいえ山中にあり、天候が悪い日には霧が深くなるなど不便なことから、寛永十九年（一六四二）から正保元年（一六四四）にかけて下子島（高取町下子島）に新たな屋敷を建てて移り、旧屋敷の地には宗泉寺を建立し菩提寺とし

宗泉寺（高取町下子島）

植村家屋敷見取図

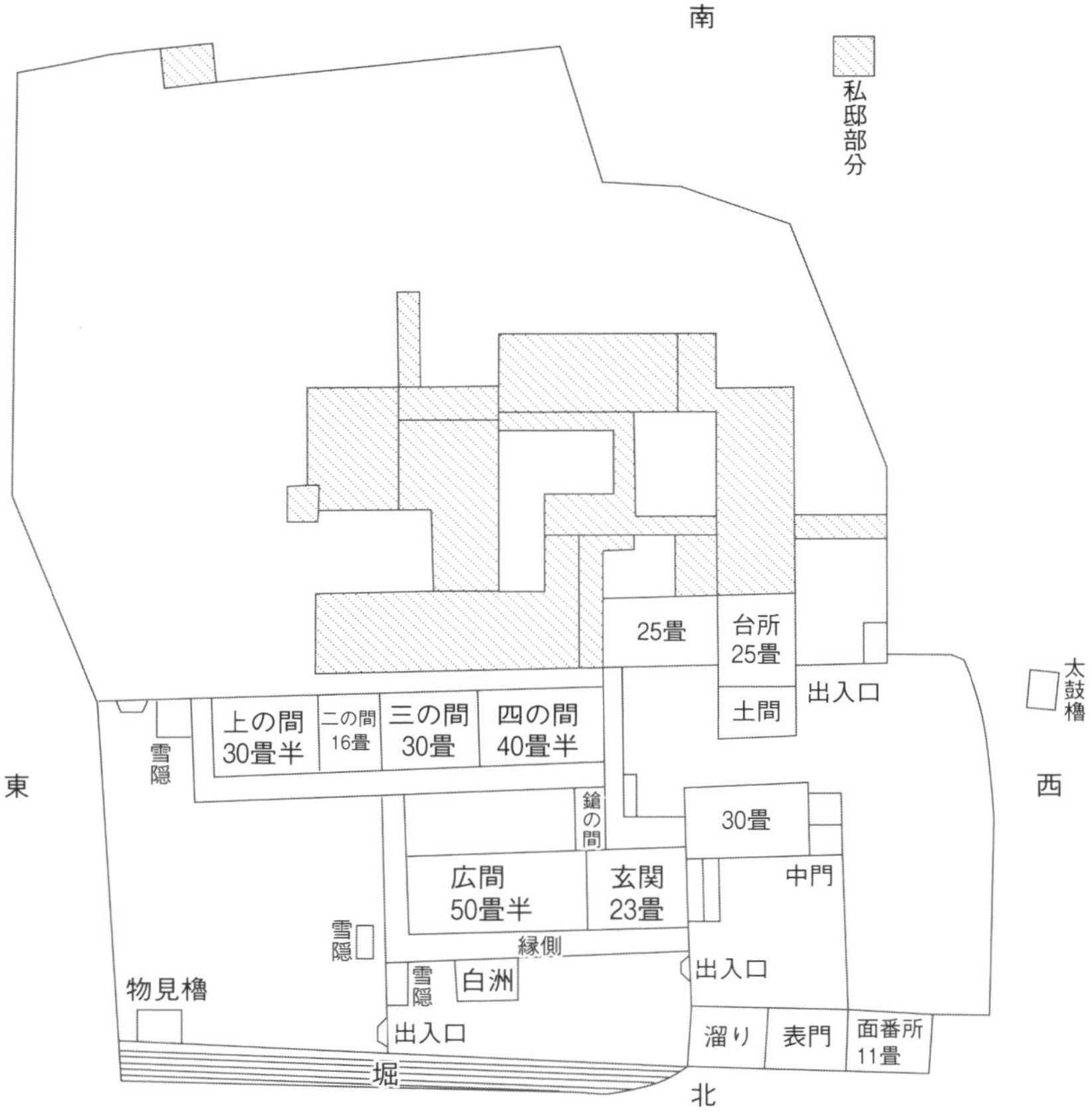

南
私邸部分
25畳
台所25畳
出入口
太鼓櫓
土間
上の間30畳半
二の間16畳
三の間30畳
四の間40畳半
雪隠
東
西
鎗の間
30畳
広間50畳半
玄関23畳
中門
雪隠
縁側
出入口
物見櫓
雪隠
白洲
出入口
溜り
表門
面番所11畳
堀
北

侍屋敷と足軽屋敷の郭別軒数の変遷

		三の丸	壺坂口郭	吉野口郭	松の丸	大手郭	別所郭	岩屋郭	横垣郭	下屋敷の周り（下子島村）
正保年間	侍屋敷	1	10	14	2	28	12	1	4	5
	足軽屋敷	—	9	—	—	—	20	16	38	—
江戸末期	侍屋敷	—	1	3	2	15	12	3	5	30
	足軽屋敷	—	4	1（長屋）	—	—	11	1	13	5

『高取町史』を参考に作成

た。

新しい屋敷は、明治四年（一八七一）の廃藩置県まで藩政の中心となった。玄関に接した大広間は日常、藩士が詰める部屋で、その奥の上の間、二の間、三の間、四の間は藩主へ拝謁や公の儀式、藩の政務を執る御用部屋に使われた。屋敷の南側は藩主が住まいする奥御殿で、弁天池（べんてんいけ）、紫布亭（しのぶてい）と名付けられた東屋などを備えた風光明媚な庭園が造られたという。敷地の東北の隅には物見櫓、西側には太鼓櫓を備え、屋敷の周囲には馬場、矢場、剣術や柔術の道場などが設けられた。この屋敷跡は現在田畑になっているが「ゴテンアト」の字名がその名残を示している。

戦がなくなり平穏な時代へ移り変わっていくと、山城の必要性は徐々に薄れていった。藩主の新屋敷建設に伴い、家臣たちも徐々に二の丸、三の丸の住居から、新屋敷の周りや城下町から近い別所郭、岩屋郭、横垣郭へと移住していった。

藩主屋敷跡附近に残る家中屋敷の土塀
（高取町下子島）

これも高取

城下町を満喫、高取の祭り

町家の雛めぐり

城下町で毎年三月、一カ月間にわたって開催される「町家の雛めぐり」。町家や商店を中心に、約一〇〇軒に飾られた雛人形を、街道を散策しながら楽しめる、地域の一大イベントだ。

高齢化が進む町の活性化をと、住人の手作りで、平成十九年（二〇〇七）から続いている。主催は天の川実行委員会。町民ひとりひとりが、星のように輝き集まり、町全体を天の川のようにしたい、と願って立ち上げられた。

三月になると、全国のあらゆる地域で、雛祭りに因んだイベントが開催されるが、天の川実行委員会が展開する土佐街道の「町家の雛めぐり」は、そこで生活をしている住民が玄関や居間に家の雛人形を飾り、訪れた人を迎え入れる。観光客は、ただ雛人形を眺めるだけでなく、住人と会話を楽しみ、そこに添えられた家々の雛人形にまつわるエピソードに目を留め、我が家の在りし日を思い浮かべる。訪れた人と交流が生まれ、住人もまた、元気になっていく。

雛の里親館（高取町上土佐）

準備は、イベントの数カ月前から始まる。それを通じて、都会では余り見られなくなったご近所さんの集まりが、そこかしこで繰り広げられる。それが、このイベントの主体であり醍醐味であろう。

各家が、桃の花や手作りの縮緬細工などとともに趣向を凝らして飾る雛人形だけでなく、上子島・清水谷・観覚寺の各地区に

町屋に飾られたひな人形

登場するジャンボ雛、メイン会場「雛の里親館」に聳え立つ「天段のお雛さま」も圧巻だ。秋には「町家の案山子めぐり」が開催され、街道沿いや広場に手作りの案山子がお目見えする。

開催期間
町家の雛めぐり　三月一日〜三十一日

町のあちこちにおめみえする案山子たち

町家の案山子めぐり　十月一日〜三十一日
最寄駅　近鉄吉野線壺阪口駅
お問い合わせ
〇七四四・四一・六一四〇（天の川実行委員会）
〇七四四・五二・一一五〇（高取町観光案内所「夢創館」）

たかとり城まつり

毎年十一月二十三日に、城下町から高取城の一帯で繰り広げられる、高取町の秋の一大イベント。土佐街道沿いには、飲食、野菜、骨董品などのさまざまな店が並ぶ。街道で行われる時代行列は、大人から子供まで多くの団体が時代装束を着て練り歩き、植村家の入城を彷彿とさせる。段ボールで作った甲冑に身を包んだ子どもの行列も人気だ。高取児童公園では、火縄銃の実演、殺陣の演舞、踊りなどが催される。

高取城は秋の紅葉まっさかりの行楽シーズンにもあたり、城下町から天守を目指して登る人も多い。

たかとり城まつりは、昭和六十三年（一九八八）から開催されており、近年では毎年約一万人が訪れる。

高取町観光案内所「夢創館」

最寄駅　近鉄吉野線壺阪口駅
お問い合わせ
〇七四四・五二・一一五〇（高取町観光案内所「夢創館」）

これも高取

中世の大和武士　越智氏の菩提寺、光雲寺

江戸時代は植村家を藩主として廃藩置県まで高取藩が存在したが、それ以前は、高取町を中心とする高市郡域（越智郷）は、越智氏が支配していた。同町には関連する史跡が今なお点在し、植村家と並んで越智氏の歴史は語り継がれている。

越智氏の祖は大和源氏源頼親の一流である宇野親家で、元暦元年（一一八四）、源頼朝の異母弟源範頼に属して平家と戦い、一連の戦功によって越智郷を賜り「越智」を称したことから始まる。初代越智親家は粉盛岳（高取町越智）に居館を築き、貝吹山城を築城して勢力を広げた。大和守護として君臨する興福寺が弱体化し大和国の国人たちが力をつけ勢力を拡大していく中、越智氏は周辺の国人衆を率いて鎌倉時代から戦国時代にかけてのし上がってきた。

大和国の覇権を巡って筒井氏と常に争ってきたが、天正二年（一五七四）、大和国が織田信長の支配下となり、信長によって筒井氏の棟梁筒井順慶が大和国守護に任じられると越智氏は滅亡した。

光雲寺は越智氏の菩提寺として貞和二年（一三四六）に越智邦澄が建立した。江戸時代には植村家が帰依し、高取藩士の墓所となっている。

奈良県の指定文化財になっており、本堂、植村家長による山号額が掲げられている山門、方丈庭園などが見どころ。

場所　高取町越智二四

ＪＲ和歌山線掖上駅より徒歩一〇分

近鉄飛鳥駅より徒歩二〇分

光雲寺の本堂

植村家長による山号額（光雲寺蔵）

境内にある越智氏歴代の墓

第四章 産業と文化

中世に興隆した文化は引き継がれ、製薬売薬業は一層の発展を遂げる。

明応６年に再建された壺阪寺の三重塔

1 薬と売薬業の発展

吉野地方や高取は薬草が豊富で、飛鳥時代から薬草狩りが行われていた。
江戸時代には薬草研究・製薬・売薬業が大いに発展し、
越中国富山の薬売りと競合しながら、全国に販路を広げていく。

大和売薬の興り

高取は、現在も製薬会社が多く「くすりの町」として知られる。その歴史は、推古天皇二十年（六一二）、推古天皇が聖徳太子らを連れて羽田（高取町羽内）で薬草狩りを行ったことに始まる。飛鳥時代は、大陸からさまざまな技術や文化が伝来した時期で、薬もそのひとつであった。医師である薬師恵日や留学生の倭漢直福因らが遣隋使・遣唐使として派遣され、大陸で医学・薬学を学び伝え、これらは仏教とともに広まっていった。

天平二年（七三〇）、光明皇后★が、施薬院や悲田院を設置して困窮する病人を救済するなど、施薬や薬草研究は、寺院と一体になった社会事業として発展した。寺院で薬草や茶の栽培が盛んに行われ、真言律宗の総本山西大寺★（奈良市）で行

▼光明皇后
七〇一～七六〇。藤原不比等の娘で、聖武天皇の皇后。

▼西大寺
称徳天皇の勅願により天平神護元年（七六五）に創建された。南都七大寺（興福寺・東大寺・西大寺・薬師寺・元興寺・大安寺・法隆寺または唐招提寺）のひとつ。

われている大茶盛式★は、高価な薬であった茶を民衆に施した医療が、現在に受け継がれているものである。

江戸時代には、医学や薬学の研究が本格化し、貝原益軒が『大和本草』を著し、植物・動物・鉱石などを薬として研究する本草学の途を開いた。徳川幕府は江戸に北薬園と南薬園のふたつの薬園を整備し、貞享元年（一六八四）には小石川へ移転拡張して小石川薬園として一層の研究を進めていた。

薬草が多く自生する高取藩領では、薬草栽培や家伝薬の製造がさかんに行われてきた。農閑期に薬草を栽培して販売する薬種屋、それらの薬剤を調剤する合薬屋が増えていき、天明三年（一七八三）には、薬種合薬屋株仲間が結成され、薬種売買などの取り決めがされている。その後も新規の薬種屋や合薬屋が増え、安政七年（一八六〇）に新規参入者を加えて取り決めがされるなど、薬草研究・製薬・売薬業が大いに発展した。

製薬は主に学僧や武士階級によって行われ、その技術は各家の秘伝として伝えられてきた。中世、高市郡を支配していた越智氏の末裔である米田家は、製薬を営んでおり、藩から薬種と合薬の御用を受け、苗字を名乗ることを許されていた。同家には「他人に見せること無用」との但し書きが記された秘伝書「薬の法書」が代々伝えられているほか、製造する三光丸は、薬名を後醍醐天皇から賜ったとされる胃腸薬で、大和を代表する薬のひとつに挙げられる。

▼**大茶盛式**
延応元年（一二三九）、西大寺の僧叡尊が八幡神社に献茶した余服を薬として、民衆に振る舞ったことから始まる。「戒律復興」「民衆救済」「一味和合」の精神で、大茶碗で点てられた抹茶を全員で回し飲む。

先用後利の大和売薬

こうした大和薬は、吉野大峰（よしのおおみね）の修験者たちによって全国へ広められ、その後、露店などで効能を宣伝販売する呼立売薬（よびたてばいやく）と、奉行の許可を得て店舗で販売または行商を行う御免売薬（ごめんばいやく）などの販売形態が整っていった。

大和売薬の特徴は行商による置き薬（おぐすり）である。薬を先に渡しておき、次に訪問した時に使った分だけ代金を受け取る先用後利（せんようこうり）で、一般庶民にも広く親しまれた。江戸時代中期頃には、売子（ばいし）と呼ばれる商人たちが「合薬渡世（ごうやくとせい）」という協同組織を作り、全国を行商して回った。藩主植村家が参勤交代の折に、大和薬を他の藩主への贈り物にし、全国の販路拡大の一翼を担ったとされる。

大和と越中富山の競合

大和の置き薬は販路を拡大していき、徐々に越中国富山と競合していく。富山の薬は、藩が製薬や販売の確立に力を注ぎ、反魂丹（はんごんたん）という名薬の評判もあって全国に販売網を広げていた。江戸時代末期には、各地で大和の薬売りと富山の薬売りが販路を巡って頻繁に衝突した。

置き薬の箱や行商の道具など
（個人蔵）

行商で使用した柳行李
（くすり資料館蔵）

慶応二年（一八六六）、三光丸を製薬していた米田丈助（こめだじょうすけ）が発起人になって富山の行商人へ呼びかけ、行商人同士の販売ルールが取り決められた。この協定を仲間取締議定書連印帳（なかまとりしまりぎじょうしょれんいんちょう）といい、大和国の薬屋七二人、越中国富山総代三人、越中国の加賀藩領総代二人が調印している。

内容は一四カ条からなる。

一、近年は薬種や紙類が高値になった上、米価の高騰に伴って荷物の運送や宿料が値上がりし、生活が立ち行かなくなってきているため、薬価を三割値上げすること

一、不正な薬種や毒薬は決して取り扱わないこと

一、類似品が多数出回り、薬の判や印を彫り返して似せる行為がみられるため、同じ銘柄の薬であっても、文字や筆法を変えて対策をすること

一、薬は人の病苦を救い一服一粒が苦患（くげん）を和らげるものであるから、大切に調合すること

一、得意先での競り売り★や値引き、他業者の虚言悪口は慎むこと

一、他人の得意先へ後から出向いて、自分の薬を値引きして売り込まないこと

一、得意先で互いに置き合わせになった場合、他人の薬を貶し自分の薬を自慢して売り込まず、互いに差支えがないようにすること

一、不奉公または得意先で不実な行いをして、主人に暇を出された経歴がある

▼**競り売り**
複数の買い手に価格を競争させることで、買い手が値を競り上げる「競り上げ」と売り手が値を競り下げる「競り下げ」がある。

奉公人を雇う場合は、前の主人に掛け合い、差支えがなければ雇うこと

一、奉公人の給料は一年で上奉公人は銀五〇〇匁、中奉公人は銀三五〇匁、下奉公人は銀二〇〇匁と定めること

一、置き合わせ先で、空の他業者の薬袋に、自分の薬を入れ替えないこと

一、行商中に酒宴・遊興・賭博にふける者がいれば厳しく取り締まり、場合によっては帳面、荷物を取り上げ国元へ送ること

一、行商中の旅宿で頓死・頓病・長患いなど緊急のことがあった場合、見聞次第駆けつけて世話をし、互いに助け合うこと

一、都合が合わない時以外は互いに申し合わせて同宿すること

一、一年に一度の参会を持ち、不参加の者にも参会費用を割り振ること。取決めたからには正直な商いをし、仲間内で約定を破るものがいれば、厳しく取り締まり、その際に掛かった費用を当人に負担させること。

このような販売ルールを設けなければならないほど、類似品の横行や不当な値引きによる販売、他業者の誹謗などは少なからずあったようだ。

また、行商人は長い旅路の途中で事故や病気で死んだり長く患って動けなくなることもあり、遠い行商先で互いに助け合うことは不可欠であった。薬の行商は顧客だけでなく行商仲間に対しても信用第一であった。

さまざまな大和薬

高市郡以外にも宇陀郡・宇智郡・吉野郡の南部地域は、薬草が豊富な土地であった。享保二十一年（一七三六）成立の『大和志』には、これらの地域で地黄・当帰・大黄などが産出されたことが記され、高取の三光丸以外にも名薬と謳われた薬が多く製造された。

古くから大和の名薬として知られるものに陀羅尼助がある。修験道の開祖役行者がつくった霊薬と伝えられ、当初は修験者たちが携帯する胃腸薬であった。江戸時代中期頃から商品経済の発達に伴い、売薬として薬屋が販売するようになり、現在でも奈良県の多くの家庭に常備されている。

豊心丹は、仁治三年（一二四二）、西大寺の叡尊上人★が、疫病退散祈願を行って満願の夜に創造したと伝えられる薬である。下痢や風邪気・暑気あたり・頭痛・二日酔い・心気の疲れ・小児の疳の虫など万病に効くとされた。奈良の外科医村井古道は、正徳三年（一七一三）の著書『南都名産文集』で豊心丹の評判を伝えている。

奇応丸は東大寺で製薬された名薬である。永正年間（一五〇四～一五二一）に、処方内容を記した文書が東大寺で発見され、寺僧が試しに調製したところ、あら

▼**叡尊上人**
一二〇一～一二九〇。荒廃した西大寺の再建に尽力し、戒律を復興し民衆を救済する「興法利生」を推進した。九十歳で遷化したのち亀山法皇と後伏見天皇から「興正菩薩」の諡号が贈られた。

ゆる病に奇功と妙応があったことから奇応丸と名付けられたという。江戸時代、戯作者曲亭馬琴（滝沢興邦）が自家製の奇応丸を販売していたことでも知られる。関西地域で馴染みの子供の疳の虫に効く「樋屋奇応丸」は、この名薬を現在へ伝えるものである。

榛原（奈良県宇陀市）の漢方医藤村家に代々伝わる中将湯は、婦人病に効能がある薬で、藤原豊成★の娘中将姫が當麻寺★で修行中、藤村家に処方を伝えたことが始まりとされる。その処方を受け継いだ津村重舎は、明治二十六年（一八九三）、東京日本橋に中将湯本舗津村順天堂を開き、それが現在の株式会社ツムラとなっている。重舎の兄山田安民は、大阪でロート製薬株式会社の前身である信天堂山田安民薬房を開業した。

光明丸は、大和郡山藩椿本家の一族で薬屋を営む椿本九郎兵衛の製薬で、腹痛鎮痛剤である。葛下郡長尾村（奈良県葛城市）の村役人を務めていた椿本家は、藩から名字帯刀を許されており、さまざまな薬種を扱い河内国まで販路を広げた。

日本最初の私設薬草園、森野薬園

宇陀郡松山町（宇陀市）の森野家は「葛屋」の屋号で代々吉野葛の製造を商い

▼**藤原豊成**
七〇四～七六五。藤原武智麻呂の長男で難波大臣とも呼ばれる。豊成の後妻に苛められた中将姫が當麻寺で尼となり、蓮糸を使い一夜で「當麻曼荼羅」を織ったとの伝承がある。

▼**當麻寺**
奈良県葛城市にある真言宗と浄土宗の寺。三重塔が東西一対で残る日本で唯一の寺院で、曼荼羅堂とともに東塔、西塔、弥勒菩薩坐像、當麻曼荼羅などが国宝に指定されている。

にしていた家である。森野通貞（賽郭）は元禄三年（一六九〇）に生まれた。薬草類の栽培に熱心だったことから代官鈴木小右衛門の推挙を受け、享保十四年（一七二九）、幕府の駒場薬園の園監である植村政勝の大和国採薬行に同道した。その功績によって、幕府から貴重な外国産の薬草や朝鮮人参を拝領し、これまで自ら採取してきた薬草とともに、自宅の敷地三〇〇〇坪を使って本格的な栽培を始めた。これが日本で最初の私設薬草園「森野薬園」の始まりである。

政勝との採薬行では、宇陀郡神末村（宇陀郡御杖村）で良質の旱藕を発見採取し、旱藕粉の製造を幕府から命じられている。享保十七年と享保二十年にも政勝に同道して近畿地方の採薬に出かけた通貞は、同年十一月、採薬使見習い助手の功労により苗字帯刀を許された。政勝の助言もあって通貞の研究は一層進んだ。江戸の本草学や博物学者たちと交流し苗種の交換などを積極的に行い、また幕府から貴重な薬草・薬木を数多く下賜されている。これらによって森野薬園内の薬草は、創設から約十年後の元文五年（一七四〇）には一二八種類にのぼった。

六十歳で隠居した通貞は、薬園の一隅に書斎兼研究所である桃岳庵を建てると、更なる研究を重ねて『松山本草』全十巻を著した。通貞の子武貞は、幕府の薬草御用を拝命し、旱藕の採掘地拡張の許可を得るなどして大いに繁栄した。

武貞の跡を継いだ好徳は、先祖の志と偉業を子々孫々に伝えるべく、家則十二カ条を定めている。それには「本草物産は我が家の産業なれば、幼少より心掛け

森野旧薬園と森野吉野葛本舗
（奈良県宇陀市）

ずしては家名存続の所詮なし。兼ねて心掛けて、たとえ嫡子これなくとも、こいねがわくは三十四十におよびては、商売の方を家に老いたる人にあらかじめ務めさせ、自身は薬草を心掛け薬園を守りて、珍しきを増やし絶えたるを補いて草木の繁茂を愛し、年老いては草木の図状をも拾遺して、品多く著すを功とすべし」とあり、商売は家人に任せて、本草学を学び薬園を守ることが第一であるとしている。

明治になって官営や藩営の薬園は廃絶していったが、森野薬園は歴代当主によって守られてきた。大正十五年（一九二六）、国の文化財史跡に指定され、「森野（もりの）旧薬園（きゅうやくえん）」の名前で現在も続いている。

② 能楽と子嶋寺

大和の猿楽座のひとつ結崎座の世阿弥の嫡孫が高取で越智観世家を興し、大和の神事能を中心に活動する。
高取の子嶋寺と京都の清水寺を舞台にした世阿弥の能「田村」は今も高取に伝えられる。

世阿弥の嫡孫が越智観世を興す

高取の文化のひとつに能楽がある。元々、軽業や物まねなどの演芸であった猿楽が、鎌倉時代頃から座を組織して各地の神社に属し、祭礼などで芸を披露し奉納をしていた。

大和国を中心に活動をした猿楽座は、結崎座（観世座）・外山座（宝生座）・坂戸座（金剛座）・円満井座（金春座）があり、多武峰寺（談山神社）で行われる多武峰八講猿楽★、興福寺の薪猿楽★、若宮祭（春日若宮おん祭）の神事などで奉納興行をしていた。

結崎座の猿楽師であった観阿弥★・世阿弥父子は、田楽★や曲舞★などの歌舞的な要素を取り入れて猿楽を能として大成させた。観阿弥は、室町幕府三代将軍足利義

▼多武峰八講猿楽
多武峰で例年十月に開催される維摩八講会の中日二日間に、神事として猿楽が奉納される。

▼薪猿楽
興福寺の修二会行事のひとつで薪の神事ともいう。

▼観阿弥
一三三三〜一三八四。結崎座の能役者であり能作者。観世流の祖で、曲舞を大和猿楽に取り入れた猿楽能を確立し、子の世阿弥とともに足利義満の庇護を受け能の全盛期を築いた。

満の絶大な寵愛を受け、その跡を継いだ二世観世大夫★世阿弥は、能楽の大家としての地位を確立した。

世阿弥には、養子に迎えた三郎元重（音阿弥）がいたが、六十歳になった世阿弥は実子十郎元雅に観世大夫を継がせ、若い頃に学び舎とした補厳寺（現奈良県磯城郡田原本町）で出家した。十郎元雅は世阿弥が「子ながらも類なき達人」と評したほど、能役者として非凡な才能の持ち主であった。しかし、六代将軍足利義教は、三郎元重を贔屓にして世阿弥と十郎元雅父子を冷遇した。永享四年（一四三二）、十郎元雅が若くして亡くなると、翌年、三郎元重が観世大夫となり、世阿弥は迫害され佐渡島（新潟県佐渡市）へ流された。その後の消息は不明であるが、晩年は大和に戻り、嘉吉三年（一四四三）に歿したと推察されている。

三郎元重が将軍義教のもとで名を馳せた一方、十郎元雅の子十郎は、越智村（高取町越智）に拠点を置き、越智家栄の庇護を受けて越智観世家を起こして世阿弥の幼名藤若を襲名した。大和国の神事能を中心に活動をしていたが、文明十五年（一四八三）、十郎は死去し、越智観世座は途絶えた。

のちに、音阿弥から続く観世宗家の六世観世大夫三郎元広の子が、越智観世家を再興し三世越智観世として観世十郎大夫を名乗った。天文・弘治年間（一五三二〜一五五八）に駿河国へ下って今川氏の庇護を受け、駿河十郎大夫とも呼ばれた。この時今川家には、松平竹千代（徳川家康）が人質として滞在しており、観

▼田楽
平安時代後期から室町時代にかけて行われた芸能で、元は田植えの神事。鼓や編木を持った田楽法師が音楽に合わせて踊る。

▼曲舞
鎌倉時代に流行した舞踊で、謡と鼓の伴奏に合わせて少年が舞う。室町時代中期から幸若舞や猿楽に取り入れられていった。

▼観世大夫
観世流の家元。

補厳寺と世阿弥参学の地碑
（奈良県磯城郡田原本町）

世十郎大夫は幼少期の家康に能の稽古を付けたとされる。越智観世家は観世十郎大夫で絶えたが、江戸時代に植村家が支配する高取藩内で、代表的な演目が伝承されていったようだ。

子嶋寺と能「田村」の清水寺縁起

世阿弥の作とされる能の演目「田村」は、高取の子嶋寺（高取町上子島）の僧賢心と坂上田村麻呂の蝦夷征討を描いたものである。

子嶋寺は、天平宝字四年（七六〇）、孝謙天皇の勅願により報恩法師を開祖として、上子島村（高取町上子島）に創建された。報恩法師の高弟で子嶋寺の僧賢心は、山城国の音羽山（京都市東山区）の観音霊場★で修行中、坂上田村麻呂と出会った。近衛府に務めていた田村麻呂は、山中で折しも鹿を一頭仕留めたところであった。賢心が観音霊場での殺生を戒めると、田村麻呂は深く帰依し、宝亀九年（七七八）に音羽山の中腹に清水寺を建立した。のち、田村麻呂は征夷大将軍として東国の蝦夷征討に向かう前に、寺へ詣でて平定祈願をしている。

賢心は清水寺を子嶋寺の末寺と定めた。田村麻呂は賢心との縁から、高市郡檜隈（奈良県明日香村）の領地を子嶋寺へ寄進するなど、寺の発展に寄与した。現在の高取町観覚寺の坂ノ山丘陵の一角は、田村麻呂の邸宅があったと伝えられる

▼観音霊場
観世音菩薩は三三の姿に変化して、知恵と慈悲ですべての人々を救済する。その霊験あらたかな場所を霊場といい、三三の霊場を巡拝すると現世の罪業が消滅し極楽往生できるとされる。

場所である。「坂ノ山」または「坂ノ上」と呼ばれており、坂上田村麻呂に因む地名と伝えられる。

「田村」は、この賢心と田村麻呂の清水寺縁起を物語にしたもので、花盛りの清水寺を訪れた東国の旅僧に、田村麻呂の化身である地主神社の童子が縁起を語り聞かせる、という形になっている。

両界曼荼羅と僧月照の来訪

子嶋寺はその後、長谷寺・壺坂寺に次ぐ大和国観音霊場として信仰を集めた。永観元年（九八三）、興福寺の僧真興が入寺し、現在の高取町観覚寺の地に支院観覚寺を建立して真言宗子嶋流を起こした。ここに学徒が多く集まり、藤原氏の庇護もあって平安時代には興隆を極め、本堂・御影堂・三重塔など二三の堂宇と二一の坊が立ち並ぶ大伽藍となった。

真興は一条天皇★の病気平癒を祈願し、その恩賞に「紺綾地金銀泥絵両界曼荼羅図」★「大般若経典」「十三重塔」を下賜された。この両界曼荼羅図は、天正七年（一五七九）、越智家秀が補修のために持ち出した際、余りの見事さに奈良の僧たちが驚いたと伝わる。南北朝時代から室町時代にかけて大和国で戦乱が続くと、子嶋寺と観覚寺はともに戦火にかかって徐々に衰退していき、興福寺一乗院の支

▼**一条天皇**
九八〇～一〇一一。花山天皇の出家により七歳で即位。学問や芸術に秀で、公正温雅な人柄で廷臣の信頼を集めた。皇后定子の女官である清少納言、中宮彰子の女官である紫式部や和泉式部らが平安期の女流文学を確立させている。

▼**両界曼荼羅図**
金剛界曼荼羅と胎蔵界曼荼羅で、大日如来を中心に、密教の真理、本質、聖なる世界を表す。子嶋寺の両界曼荼羅図は、東寺の両界曼荼羅図、神護寺の紫綾金銀泥絵両界曼荼羅図（高雄曼荼羅）とともに国宝に指定されている。

配下に入って堂宇再建に務めた。

江戸時代になると、子嶋寺は植村家の祈願所となり、その庇護を受けて復興され、供料十八石の黒印を受け千寿院と改めた。幕末には、清水寺成就院の勤王僧である月照が千寿院を訪ねている。月照は、東北を遊歴し志士たちと交わっていたが、安政四年（一八五七）六月二十日に高取藩を来訪し、千寿院で両界曼荼羅図の模写をした。二カ月の滞在ののち東大寺で、恵訓阿闍梨に願い戒壇院で具足戒★を受けている。帰京した月照は、東福寺の塔頭即宗院にある採薪亭で五十日間の断食をし、玉躰安穏・外敵退散を祈願した。

翌年、井伊直弼が大老に就任し安政の大獄が始まると、勤王活動をしていた月照の身にも危険が迫った。和歌の道を通じて親交があった近衛忠熙の勧めで薩摩国に身を隠すことになったが、薩摩藩は入国した月照の身柄を日向国との国境へ移して殺害しようとした。月照は、自身の庇護を藩へ嘆願していた西郷吉之助（隆盛）とともに錦江湾に入水した。ふたりの入水に気付いた従者たちによって身柄はすぐに引き上げられたが、月照は息絶えた。

千寿院は、明治維新の廃仏毀釈で退廃し、無檀無住の寺となった。明治三十六年（一九〇三）、地元有志が土地を買い戻し、高取城の二の門を移築して山門にするなどして再建が進められ名称も子嶋寺へ戻された。

▼具足戒
僧が守るべき戒律で、男僧は二五〇戒、尼僧は三四八戒ある。具足戒を受けることで、僧伽（修行僧の集団）に入ることが許される。

生活に根付く風習と文化

藩政時代に行われていた農業にまつわる風習や行事は多い。
雨乞いや所願成就の南無天踊りなど、
農業とともに生きてきた高取の人々の暮らしを生き生きと伝える。

風俗問状答にみる諸行事

文化年間（一八〇四～一八一八）、幕府の祐筆屋代弘賢（ゆうひつやしろひろかた）から各藩に、土地の風俗習慣を調査し報告するよう指示があった。それを受けて高取藩では藩士吉川茂周（よしかわしげちか）が、「高取藩風俗問状答（たかとりはんふうぞくといじょうこたえ）」を提出しており、その内容から、高取の風俗・年中行事・奈良の社寺祭礼などを知ることができる。

正月の祝い膳

藩主の雑煮は、輪切りの大根・里芋・串子（くしこ）★・串貝（くしがい）★・焼豆腐・焼栗・青菜・枝柿（えだがき）・本鰹（ほんかつお）★を入れる。家中や領内の家庭では、芋・大根・豆腐・菜・花鰹（はなかつお）★を入れ、昆布を入れる場合もあるとする。

恵方参り

▼**串子**
干なまこ。

▼**串貝**
干あわび。

▼**本鰹**
荒く削った鰹節。長時間煮出すことで濃厚な風味が出る。

▼**花鰹**
薄く削った鰹節。短時間で出汁を取る。

恵方参り（えほうまい）は、元旦にその年の恵方にある社寺に参拝し一年の福徳を祈るもので、注連（しめ）の内（一月十五日）まで行われる。農家でも武家でも身分に関係なく餅花（もちばな）★を作り、歳徳神（としとくじん）★に供える。

初講

正月四日は、平田村（高市郡明日香村）で伊勢講（いせこう）・大峯講（おおみねこう）・宮講（みやこう）などの初講（はっこう）が行われる。村人は念仏寺に集まり、梵字（ぼんじ）の印を押した牛王宝印（ごおうほういん）を阿弥陀如来に供え、般若心経を唱えることが習わしとなっていた。

門松

奈良・郡山・高取では七日の早朝に門松を取り納め、若松を立てる。正月七日までを松の内といい、七日に立てた若松は十五日に取る。門松は十四日の左義長（さぎちょう）で焼く。

けずりかけ

正月十四日、柳などの木肌を削って茅花（ちばな）の形に垂らした「けずりかけ」を門に飾る。邪気を払い、福を招くとされる。

涅槃会（ねはんえ）

二月十五日に、餅花を煮て供え物とする。正月の餅は霰（あられ）のように切って煎るほか、蓬（よもぎ）を混ぜて団子にすることもあり、これらの餅を「華供祖餅（はなくそもち）」と呼ぶ。

ひな祭り

▼餅花
小さく切った餅を柳の枝に付ける花飾り。

▼歳徳神
正月様、年神様ともいわれ一年の福徳を司る神。この方角へ向かって事を行えば、万事が吉とされる。

三月三日の節句では、身分に関係なく塩鯵を膳に供える。

水口祭

田に稲の籾種をまく祭で、熊野三山★・金峯山寺・転法輪寺★の牛王宝印を串に挟んで立て、米を炒って供え豊作を祈る。

十三詣り

三月十三日に、十三歳の子供が虚空蔵菩薩にお参りし、十三歳の厄を払い知恵を授かるように祈る行事。高取や大和南部地域では男子が金峯山寺蔵王堂に参詣した後、山上ヶ岳の大峯山寺へ詣でるとされる。

順の峯入・逆の峯入

山伏の山岳修行である大峯奥駈★のうち、春は熊野から大峯山へ入り吉野へ出る順の峯入りをする。秋は逆の峯入といい、吉野から入り熊野へ出る。

灌仏会

四月八日に、お釈迦様の誕生日である灌仏会が行われる。甘茶で磨った墨で千早の歌「千早ぶる卯月八日は吉日よかみさけ虫を成敗ぞする」を札に書き、つつじの花と一緒に竹竿に括り付けて軒先へ飾る、虫除けのまじないをする。

田植え

五月は田植えの時期で、男女区別なく皆で苗を植える。田植えが終わると、滞りなく終わったことを祝って、小麦で作った「さなぶり餅」を搗き、田の神に供

▼熊野三山
熊野本宮大社、熊野那智大社、熊野速玉大社の三社。

▼転法輪寺
御所市の金剛山山頂にある真言宗醍醐派の大本山。役小角が開いた修験道の霊地で、葛城修験道場として発達した。

▼大峯奥駈
修験道の開祖役行者が開いた、吉野と熊野を結ぶ約一七〇キロの山岳信仰の道。標高一二〇〇メートルから一九〇〇メートルの大峯山脈の尾根に沿って七五の靡(神仏が宿る拝所や行場)がある。

える。

掛け鯛

正月に竈の上に藁縄で掛けていた鯛を六月一日におろし、雑煮などの羹にして食べる。流行り病にかからないとの謂れがある。

星祭り

七月七日の星祭りでは、甘瓜・西瓜・素麺を備え、大竹を建てて短冊を吊るす。

重陽の節句

九月九日の節句で、菊酒を飲み栗を食べる。

十夜法要

浄土宗の寺で十日十夜をかけて行われる念仏会で、十夜講ともいわれ、十月五日から始まる。十五日の朝に、十夜粥という小豆の入った粥を食べる。

十一月

冬至の日は小豆飯か小豆粥を食べ、医者は神農を祀り鏡餅を供える。

川浸餅

十二月は乙子月ともいい、一日に末の子の成長を願って川浸餅をついてお祝いをする。

このほか、高取で使われる言葉には、三河・遠江地方の方言が混ざっていることが書かれている。植村家の祖は美濃国・遠江国・三河国で、高取藩へ移封になっても同家と家中に、その地方の言葉が残っていたようだ。

農家の春休みレンゾ

大和国特有の行事のひとつに、おおむね三月から五月にわたって行われる「レンゾ」と呼ばれる農家の春休みがある。「レンゾ」の語源は練供養(ねりくよう)★の「練道(れんどう)」であるとされ、地域ごとの社寺の練供養に合わせて行われる。法隆寺レンゾ（三月二十二日）、當麻(たいま)レンゾ（四月十四日）、三輪(みわ)レンゾ（四月九日）などがあり、高市郡地域では、神武天皇祭(じんむてんのうさい)の日に行う神武さんレンゾ（四月三日）・久米レンゾ（五月三日）・五月上旬の八十八夜レンゾなどがある。

レンゾは、田植えなどの農作業開始前のささやかな休日として一斉に休み、親戚や知己を集めて馳走をしたり、お弁当を持って山登りをするなどして賑やかに過ごす。この日に食べる団子は、蓮(はす)の実が入った蓬団子で苦みがあり、これ以後に本格的に始まる厳しい農作業を意識して嚙みしめる意味があるという。

四月二十三日は「レンゾよばれ」という日で、嫁いだ娘が里帰りをする風習もある。また、農家では涅槃(ねはん)（二月十五日）から八朔(はっさく)（八月一日）までの期間は昼寝をする。釈迦が横たわった涅槃像を昼寝に見立て、涅槃の日から農繁期の八朔ま

▼練供養
正式名称を「聖衆来迎練供養会式」といい、阿弥陀仏の来迎になぞらえて行う法会で、當麻寺（葛城市）が発祥。

で続けられる。

南無天踊りと絵馬

大和国は古来より水源に乏しく、常に水不足に悩まされてきた。平野部を流れる大きな川は大和川しかなく、四、五世紀頃から人々は、川に堰を造りため池を作るなどして、農業用水の確保に取り組んできた。

日照りが続くと村々で雨乞いが頻繁に行われ、それが成就すると、村の人々は打ち揃って行列を組み、太鼓を打ち鳴らして踊りながら神社へ詣で、成就御礼を込めた「南無天踊り」と呼ばれる踊りを奉納した。

高取藩領では小嶋神社（高取町下小島）で行われ、雨乞い御礼だけでなく、所願成就の際にも踊りが奉納されてきた。

踊りの行列は、天狗や鬼の面をかぶった者が棒を突きながら先頭を歩き、その次に、唐子衣装に花笠をかぶり小太鼓を持った「早馬」といわれる踊り子、染帷子★に花笠姿の「中踊」が拍子を取りながら続く。次に、法螺貝・横笛・鉦で拍子を取る「音頭取り」、車付きの台に載せた大太鼓を叩きながら踊る「頭太鼓」、赤熊★を被り御幣を持ち、腹に太鼓を括り付けた「腹太鼓」が続く。これ以外に狐や馬などの仮装で踊りに参加する者もいた。

小嶋神社（高取町下小島）

▼染帷子
生糸や麻で仕立てた、盛夏に着用する単仕立ての衣装で、模様などを染めたもの。

▼赤熊
白熊の毛を赤く染めたもの。

「高取藩風俗問状答」には、南無天踊りの音頭が紹介されており、歓喜に溢れて満願を祝う民衆の様子が窺える。

〽城下の本町は土佐、宮本は子島

〽ここは子島の春日さま、神のいさめにひとおどり、神も嬉しく思食す氏子
　も繁昌でめでたさよ

〽西をはるかに詠むれば金剛山お山の車牛、引きよしやれやれ、大和の子島
　へ引きよしやれ

〽神の御庭の御神木、松に桜を植えまぜて、松に桜を咲きかかる、松より桜は
　面白き

〽神の御庭の御神木、もとは白かね中黄かね、末なる小枝に銭がなる

〽奈良の都にさらし布、一つ二つ三つとし、殿御の上下の寄は何、天にむら雲
　夜這星、沖の方なる帆かけ船

小嶋神社には、南無天踊りで奉納された江戸時代の絵馬が三枚残され、踊る民衆の様子が細かく描かれている。

享保八年（一七二三）、宝暦二年（一七五二）、文政四年（一八二一）の絵馬で、最も古い享保八年の絵馬は剥落が進み、絵の部分は不明であるが、宝暦二年の絵馬は、民衆が行列を組んで踊りながら鳥居を潜っていく様子が描かれ「諸願成

宝暦２年に奉納された南無天踊りの絵馬

文政４年に奉納された南無天踊りの絵馬

就皆令満足所　宝暦二壬申十二月吉祥日　源家長敬白」とあり、六代藩主植村家長によって奉納されたものであることが分かる。文政四年の絵馬は「雨乞願成就　文政四辛巳九月吉祥日　御領内村々」とあり、領内全体で雨乞いを行い満願にあたって奉納されたものである。昭和五十七年（一九八二）、奈良県有形民俗文化財に指定された。

壺坂寺と歴代城主

飛鳥時代に創建されて以後、眼病に効くとされ信仰を集める壺坂寺。
中世には数々の戦乱に巻き込まれ、植村家の治世になってその庇護を受けて興隆した。
明治の廃仏毀釈で荒廃したが、ひとりの僧の尽力で蘇った。

越智家とともに盛衰

高取城の西南に位置する壺阪寺は、観音霊場西国三三箇所第六番の札所で、多くの参詣者が訪れるほか、本尊十一面千手観音菩薩は、眼病に効験があるとして信仰を集めている。

大宝三年（七〇三）、元興寺（奈良市）の弁基上人★によって創建され、正式名称は壺坂山平等王院南法華寺という。一般的に、壺坂寺または壺坂観音と呼ばれている。

元正天皇の祈願寺となり、承和十四年（八四七）には定額寺★に列し、三六の堂宇と六十余りの坊を有する大伽藍であった。清少納言の『枕草子』には「寺は壺坂、笠置★、法輪★」とあり、左大臣藤原道長をはじめ貴族たちの参詣が絶えずあ

▼弁基上人
飛鳥から奈良時代の僧侶、官吏、歌人。のち還俗して春日蔵首老と名乗った。万葉集、新勅撰和歌集に歌がある。

▼定額寺
官大寺、国分寺、国分尼寺に次ぐ寺格を有した寺院。

▼笠置
京都府相楽郡笠置町にある鹿鷺山笠置寺。仏教の退廃を嘆いた興福寺の藤原貞慶（解脱上人）が隠遁して寺の再興を図り、元弘元年（一三三一）、後醍醐天皇は笠置山の行在所へ移って鎌倉幕府打倒の兵を挙げた。

った。十世紀末頃から、観音霊場を巡る民衆の参詣が流行したとされる。

中世は興福寺一乗院の末寺となり、高取城主であった越智氏の庇護を受けた。しかし、南北朝の対立や大和国内で国人たちの争乱が続くと、戦乱に巻き込まれて荒廃した。『続壺坂古老傳』には「僧徒隠れ退きて山門を護るに人無く、院宇頽廃に及ぶ」と記される。その後、年月をかけて堂宇の再建がなされ、越智氏全盛期を築いた越智家栄の時代には、後南朝の皇胤とされる南帝を迎えている。しかし、その後の戦乱と越智氏の没落により、再び衰退の一途を辿った。

歴代城主の庇護を受ける

天正十七年(一五八九)から高取城主となった本多家も壺坂寺を庇護し、荒廃した寺の修復を積極的に行った。二代利朝は、寺の東に位置する香高山に五百羅漢の石仏を造り、その地を奥の院と定めた。石仏の造立は、慶長九年(一六〇四)と推察されており、慶長十二年の石灯籠が現存する。本多利朝(因幡守)が寄進した因幡堂(現在の灌頂堂)には、本多利朝と豊臣秀長の木像、本多家三代の位牌が安置される。

慶長七年、徳川家康から、高市郡四条村(奈良県橿原市)・十市郡膳夫村(橿原市)の五十石を与えられ、寺の周囲の山林竹木を堂宇修造に充てるようにとの朱

▼法輪　京都市西京区嵐山にある智福山法輪寺。本尊は虚空蔵菩薩で「嵯峨の虚空蔵さん」と呼ばれ、十三詣りで親しまれている。

本多家三代が祀られる灌頂堂
(壺阪寺／高取町壺阪)

印状があった。

　高取藩植村家の初代藩主となった植村家政は、高取藩に入封すると壺坂寺を訪れて曼荼羅供（まんだらく）★を毎年三月十八日に執り行うことを定めた。二代藩主家貞は寄付を募って金堂を修復し、三代藩主家言は毎年正月に般若経転読会（はんにゃきょうてんどくえ）を催した。四代藩主家敬も、高取山の木を伽藍修造に充てるよう取り計らうなど、歴代藩主は壺坂寺を崇敬し支援をしてきた。寺は、高取藩の祈禱寺として旱魃（かんばつ）の際には請雨（しょうう）の祈禱を行い、藩主が厄年の際には厄除け祈禱を行うなど、両者は密な関係を築いてきた。毎年正月に寺から「貴體安全・武運長久」を祈願した御札を持って藩主へ挨拶に行き、年に二回、高取藩の役人を迎えて饗応する仕来りがあったとされる。

　しかし、寛文年間（一六六一～一六七三）、藩領と寺領の境界について両者の間で争論が起こっている。藩士が壺坂寺参道を塞いで参詣人の通行を妨げるという強硬策を採ったため、堪りかねた寺が奈良奉行へ訴え出たが、解決には至らず、寺は高取藩に屈したと伝わる。

　この事例のような衝突はあったものの、歴代高取藩主の庇護により、江戸時代中期には一三カ院の塔頭を有するまでになった。元禄九年（一六九六）に刊行された貝原益軒の『和州巡覧記（やまとめぐりのき）』に「土佐の町を出て吉野の方へ数町ゆけば、清水谷という町あり。是より東にわかれて十町ばかり行けば、山上に壺坂の観音堂あ

▼曼荼羅供
両界曼荼羅を掲げて諸尊を供養する、真言宗の最高法会。

『大和名所図会』に描かれた壺坂寺

り。巡礼の札所なり。寺を南法華寺と号す」と紹介されている。元禄の頃にはすでに観音霊場の札所として参詣人を集めるようになっていたようだ。

本居宣長の旅日記にみる壺坂寺

江戸時代後期の国学者本居宣長は、明和九年（一七七二）に友人や門人たちと吉野・飛鳥地方を訪れ、その様子を『菅笠日記』に著している。行程は、三月五日に住まいである松坂（三重県松阪市）を出発して、初瀬（奈良県桜井市）、多武峰を通って吉野山で花見をし、高取から飛鳥の史跡を巡り、伊勢本街道から松坂へ帰るという十日間の旅であった。

宣長の旅は、古典に登場する場所のすべてを精力的に廻り調べるといった取材の様相を呈しており、単なる物見遊山ではなかった。

高取へ来訪した三月十日は、朝から吉野山の如意輪寺★と、金峯山寺蔵王堂の蔵王大権現を拝観し、厨子の扉の裏に描かれた巨勢金岡★の絵や後醍醐天皇の遺品を見て御陵に詣でている。そして吉野川を渡って食事をすませ、壺坂寺へ詣でた。

日記には「さてくだりたる所、やがて壺坂寺なり。観音のおはする堂には南法華寺とぞある」と書かれている。三重の塔や奥の院の仏像などを参拝した後、清水谷（高取町清水谷）へ下り、高取城下を通過し、飛鳥へ向かった。

▼如意輪寺
吉野郡吉野町にある浄土宗の寺。延喜年間（九〇一～九二三）、日蔵道賢上人の創建による。後醍醐天皇が吉野に行宮を定めたことに伴い勅願所となった。本堂裏山には、後醍醐天皇の陵「塔尾陵」がある。

▼巨勢金岡
平安時代中期の宮廷絵師で、神泉苑監を務めた。巨勢絵所の開祖。神泉苑図や、紫宸殿の賢聖障子など、林泉図や当代人物画を数多く手掛けた。

山岡鉄舟の助力を受けて再興

明治時代になり、新政府が神仏分離政策を進めると、全国で廃仏毀釈が行われた。壺坂寺も大きな打撃を受け、明治初年には六七院あった塔頭から学僧たちが皆去り、参詣人も絶え境内は荒れ果てた。『続壺坂古老傳』によると、本堂の瓦は剝がれ落ち、雨がご本尊である十一面千手観音菩薩の頭に降り注ぎ、扉は朽ちて風が入り込み、荒廃した庫裏（くり）の室内には床下から筍が生え、雑草が茫々と通路を埋め尽くし、昼間に狐狸（こり）が徘徊する有様であったという。

寺に残っていたのは、塔頭のひとつ大門坊（だいもんぼう）の住職穂波快念（ほなみかいねん）ひとりで、衣食にも困窮するような中で寺の維持と復興に奮闘した。どういう伝手を頼ったか不明だが、快念は、旧幕臣で明治五年（一八七二）から明治天皇の侍従を務めていた山岡鉄舟（やまおかてっしゅう）に面会し、寺の惨状を訴え助力を願った。鉄舟はすぐさま、自分の墨蹟二百枚を書いて与え、さらに内務省に掛け合って復興資金三百円を捻出させたという。感涙して寺へ戻った快念は、鉄舟の墨蹟を元に数百円を得て、壺坂千人講（つぼさかせんにんこう）を組織して信徒を増やし、大門坊や庫裏などを改修し、寺の境内に数千本の桜の木を植樹するなどして、寺を少しずつ再建させていった。

壺坂霊験記

元興寺の僧義昭によって編纂されたと伝わる仏教説話集『日本感霊録』に、弘仁年間（八一〇〜八二四）、十歳で盲目となった私度僧★の長仁が、壺坂寺の本尊十一面千手観音菩薩の前で真言を唱え続けたところ、目が見えるようになったという話がある。これがもとになって明治初年、座頭の沢市とお里の夫婦愛を描いた物語「観音霊場記」が誕生した。二代豊沢団平★と妻の加古千賀が、これに加筆をして浄瑠璃「壺坂霊験記」を書き上げ、明治十二年（一八七九）に初上演が行われると、たちまち大盛況となった。

「壺坂霊験記」の物語の舞台は、寛文年間（一六六一〜一六七三）である。盲目の沢市とその妻お里は、高取城の城下町土佐町で貧しい生活ながら仲睦まじく暮らしていた。ある日、沢市は妻に対し疑心を抱くようになった。毎晩、明け七つ時（午前四時）になると、お里が床を抜け出して家を出ていくのである。不義を働いていると疑った沢市は、お里を強く問い質したところ、お里は、沢市の目の病が治るようにと、三年間一日も欠かさず壺坂寺の観音様にお参りをしていたのであった。疑いの心を持ったことを恥じた沢市は、ふたりで観音様に詣でることにした。参詣の途中、お里は数珠を家に忘れたことに気づき、数珠を取りに家へ

▼私度僧
律令国家において、官の許可を得ず勝手に僧になった者。

▼二代豊沢団平
一八二八〜一八九八。浄瑠璃の三味線方として弘化元年（一八四四）に二代目を襲名。空前絶後の三味線の名人と讃えられた。

沢市とお里の像
（壺阪寺／高取町壺阪）

引き返した。その間、本堂の傍にひとり佇んだ沢市は、盲目の自分と所帯を持ったばかりにお里に苦労をかけていると我が身を責め、谷底へ身を投げてしまった。戻ったお里はそれを知り、悲しみの余り沢市の後を追って身を投げた。すると、観音様の霊験によって奇跡が起こり、沢市・お里は助かり、しかも沢市の目は開眼したのであった。

　この物語は、その後も浄瑠璃や歌舞伎で数多く上演され、現在も人気の演目となっている。

沢市とお里の墓
（信楽寺／高取町下子島）

災害と医薬療法

比較的災害の少ない大和国の北部中部地域でも、江戸時代はたびたび異常気象に見舞われた。大飢饉では藩主導で医薬療法が領民に広く普及され、疫病や食中毒といった二次災害を防いだ。

集中豪雨による御所流れ

元文五年（一七四〇）、大和国は稀にみる異常気象であった。正月にも関わらず三月や四月並みの暖かさとなり季節外れの花が咲き、年始の挨拶に出向く人々は日よけに扇子をかざして歩くほどであった。正月中旬から一転して寒さが厳しくなり降雪が頻繁にあった。四月末になると地震・集中豪雨がそれぞれ三度ばかり起こり、六月の土用の頃になると綿入れを着込むほど寒くなったため、凶作となった。

人々が不安な思いで過ごしていた中、閏七月十七日の午後二時から六時にかけて、金剛山山麓から葛上郡（奈良県御所市）を集中豪雨が襲った。葛城川と柳田川の堤防が切れ、さらに三室村（御所市三室）の水害から集落を守る請堤二カ所が切れたため、御所町（御所市）の西側の西御所と呼ばれる地域一帯に水が流れ込み、家々が流される事態となった。この洪水は「御所流れ」といわれる。

　当時の被害状況の記録によると「水勢逆立ち、山の如くまくれ来たり」という状況で、家財を捨てて我先に逃げる者、石に躓いて倒れる者を踏みつけて逃げる者、家財を守ろうとして溺れる者、抱き合いながら流される親子など、四方を水に囲まれて逃げ道を失い沈んだり流されたりする者が多く、目も当てられない惨状であった。水が引くと人々は家族を探し求め、泥の中から遺体を掘り起して埋葬し、流壊家屋の材木を薪にして炊き出しをするなどの生活を余儀なくされた。そこへ、流されて埋もれた財産を泥の中から拾い集めて儲けを企む他国のあぶれ者が集まり、ごったがえすほどであったという。

　この記録では、西御所の家の半分が流され、流死人五六人と記されているが、他に「流失した家屋六〇一軒、潰れた家五八軒、流失した蔵三〇〇軒、残った家四一軒、残った蔵一八軒、流死人二八一人、流死牛馬一四疋」との記録や「流失家屋七〇〇軒、溺死者三〇〇人程」との記録があり、数字はさまざまであるが一様に被害の大きさを物語っている。

　葛城川は、金剛山からの土砂が流れ込み、周囲の家の屋根よりも川床が高くなる天井川になっていた。この大洪水を機に、葛城川流域三〇カ村が共同で、川床を掘り下げ高い堤防を建設する工事を幕府へ嘆願した。幕府から川堀手当金が出されて工事が始まると、高取藩もこれに協力した。藩から土砂方役人の藩士が出張し、工事に従事する村人のために、河原に一〇町に一カ所の割合で茶屋を建てていった。

町の再建も進められたが、元の町並みへ復興できたのは御所流れから五年後の延享二年（一七四五）のことで、その翌年には犠牲者の七回忌が営まれた。

文化八年（一八一一）六月十五日には、初瀬川（はせがわ）（桜井市）が決壊して大洪水が発生した「初瀬流れ」があり、現在の桜井市から天理市、奈良市まで被害が及んだ。このふたつが、江戸時代における大和国の二大水害として伝えられる。いずれも高取藩領には大きな影響はなく、主に復興の支援にあたったようだ。

天明年間の水害と飢饉

天明元年（一七八一）七月二十七日、五畿内（大和国・山城国・河内国・和泉国・摂津国）は台風に襲われ、天明三年から四年は大和国で凶作となった。ただ、餓死者や流民を出すような悲惨な状況ではなかったため、他国から逃れてきた人々が、大和国へ流入してきた。多くの町が人々に施粥（せがゆ）を行ったが、流人たちの行き倒れが後を絶たなかったという。

高取藩では、天明四年に飢饉対策として「飢食松皮製法（きしょくまつかわせいほう）」を村に廻覧した。

松の皮を水に浸して灰汁を抜き、刻んで粉にして米穀と混ぜ、団子や餅にするという、松の皮を食用にする方法である。人々はこれで飢えをしのいだ。

天明六年も全国的に不作で、奈良・郡山をはじめ、各地で打ち壊しが相次いだ。五月十三日夜に郡山の米屋五軒が壊され、十四日から十五日に奈良の米屋二〇軒が壊された。いずれも大人数で店の中へ乱入し、神棚・仏壇・鍋・釜・建具などを手当たり次第に打ち砕き、金銀銭や俵物をことごとく道へ投げ出し、米・塩・素麺などを撒き散らしたり屋根へ放り投げたりといった有様であったという。

このような打ち壊しは高田村（大和高田市）・今井町（橿原市）・三輪村（桜井市）・丹波市村（天理市）の辺りでも起こった。

天保の大飢饉と医薬療法

天保の大飢饉は、天保四年（一八三三）から十年まで続いた飢饉で、冷夏や長雨などの異常気象による凶作が続き、全国的な食料不足に陥った。

大和国の気候も天保年間は不順で、天保三年六月中旬から九月上旬の間は雨がほとんど降らなかった。翌天保四年は、前年とうって変わって春頃から八月まで降雨が続いた。天保七年四月から八月は雨ばかりで、晴天の日は四、五日程度しかなかった。特に五月から六月は冬のように寒く、人々は綿入れを着用して田植えをしたという。

天保八年の春は長雨で、四月から七月は日照りが続き、八月からは何度かの台風に見舞われた。米価が高騰し人々が食料に困窮していく中、大坂町奉行与力だった大塩平八郎が、豪商による米の買い占めや江戸への廻米を防いで貧困者を救うために蜂起している。

天保十一年は、五月中旬から六月にかけて長雨が続き、この間の晴天の日はわずか三日しかなかった。特に、五月三十日は夜十二時頃から雨が降り出し、翌六月一日の明け方には大和国を流れる川の各所で堤が切れて洪水が発生し、山間部では、多くの箇所で山崩れが起きた。高市郡四分村（橿原市）では家屋約四十軒が流され、高取川の氾濫で土佐谷（高取町上土佐から下土佐）も被害があった。出雲村（桜井市）では四人が流死し、萩原村（宇陀市）では二人が流死した。

飢饉の後は必ず疫病が流行し、死者が増加した。その上、人々は有毒性の食物についての知識が乏しいまま、飢饉の時は食べられそうなものを適当に口にしてしまい亡くなる者が多かった。そのため、享保十八年（一七三三）、幕府は疫病や食中毒の対処法を諸国へ布達しており、高取藩では、天保八年、それをもとにした対策を村々へ廻覧し、次のような医薬療法を指導した。

時疫（流行病）に罹った場合は、次の対処法を取ること。

一、よく煎った大粒の黒大豆一合、甘草★一匁を水で煎じて時々飲むとよい

▼**甘草**
消炎、鎮痛、解毒、鎮咳作用がある。

一、茗荷（みょうが）の根と葉を突き砕き、汁を絞って多く飲むとよい

一、牛蒡（ごぼう）を突き砕き、汁を絞って茶碗半分ずつを二度飲む。その上で、桑の葉一握りほどを火でよく炙り、黄色になったら茶碗に四杯の水で煎じ、一度に飲んで汗をかくとよい。もし桑の葉がなければ枝でもよい。

一、熱が殊の外強く、気狂いの如く騒いで苦しむ場合は、芭蕉根（ばしょうこん）★を突き砕き汁を絞って飲むとよい

草木・きのこ・魚・鳥・獣などを食べて食物の毒にあたって患った場合は、死を逃れるために次の対処法を取ること。

一、一切の食物にあたり苦しむ場合、炒った塩をなめるとよい。ぬるま湯に溶かして飲んでもよい。草木の葉を食べて毒にあたった時には、一層よく効く

一、胸が苦しく腹が張り痛む場合は、苦参（くじん）★を水でよく煎じ飲んで、飲食したものを吐き出すのがよい

一、大麦の粉を香ばしく煎って、白湯（さゆ）で時々飲むとよい

一、口鼻から出血し悶え苦しむ場合、葱（ねぎ）を刻んで一合の水で濃く煎じ、冷やして何度も飲むこと。血が止まるまで服用してよい。

一、魚の毒にあたった場合は、大粒の黒大豆を水で煎じ、何度も飲むとよい

▼芭蕉根
解熱、解毒、利尿作用があり、熱病は腫物に用いる。

▼苦参
解熱、鎮痛、殺菌、利尿、健胃作用がある。

一、獣の毒にあたった場合は、赤小豆（せきしょうず）★の黒焼きを粉にして、蛤貝一つ分ほどを水で飲むとよい

一、菌（きのこ）を食べてあたった場合は、忍冬（にんどう）★の茎、葉ともに生のままで噛み、汁を飲むとよい

これらの対処法は、藩から村々へ洩れなく廻覧された。どこまで効果があったか定かではないが、飢饉対策と並行して対策を取らなければならないほど、疫病や食あたりは深刻な問題であった。

▼赤小豆
小豆のことで、利尿、消炎、解毒、排膿作用があるほか、脚気の薬としても重宝された。

▼忍冬
スイカズラ。解熱、消炎、利尿、殺菌作用があり、化膿性疾患を改善する。

注目の生薬　大和当帰

古来から、婦人病、血流改善、滋養強壮、鎮痛などに効果がある生薬として注目されてきた当帰の根。奈良県の高取町、明日香村、橿原市、宇陀市、五條市、吉野町、東吉野村、十津川村などで栽培される「大和当帰」は、江戸時代から知られてきた。特に五條市とその周辺で栽培される「大深当帰」は最高品であったとされる。

昭和六十年（一九八五）前後から、安価な外国産の輸入によって栽培は激減したが、近年、これらの地域の農家が、大和当帰の無農薬栽培で長期間の収穫可能な栽培法を開発し、伝統的な生薬の復活を目指している。

当帰（『生薬と漢方薬の事典』より転載）

大和当帰は、根を十一月頃に掘り起こして水洗いし、日干しにする。根には精油、ニコチン酸、ビタミンが豊富に含まれており、精油は鎮痛、浄血、強壮剤に用いられる。当帰を使った漢方としてさまざまなものがある。

○当帰芍薬散

生理不順や産前産後の調子を整えるほか、倦怠感、冷え性、貧血、めまい、低血圧症の改善に用いられる。

○補中益気湯

虚弱体質、疲労倦怠、病後や術後、食欲不振などの胃腸の働きを改善する。

○十全大補湯

病後術後の体力低下や、食欲不振、冷え症、貧血などを改善する。

○四物湯

生理不順、更年期障害、冷え性、貧血、産後の疲労回復などを改善する。

○当帰飲子

血虚（血が不足している状態）による皮膚の乾燥やかゆみをおさえる。

○当帰四逆湯

血行を良くすることで手足や下腹部の冷えや痛みを改善する。

○当帰散

妊娠中の早産の予防、産後の発熱などに用いる。

○当帰湯

胃腸を保護しながら血を補い血行を良くして体を温める。

このように、当帰を使った漢方は血を補い血行をよくする働きがある。

近年、漢方だけでなく、根や葉を料理や調味料などに加工し、手軽に利用してもらう取り組みが進んでいる。根はみそ漬けや醤油漬けにすると美味しいおかずの一品になる。葉は入浴剤に用いられるほか、ハーブとしても利用でき、葉を使ったサラダや天ぷら、ドレッシング、お菓子など、さまざまな料理に活用され、健康だけでなく美容にも効果があると注目されている。

第五章 新時代へ繋ぐ人々

学問や農業などの分野で優れた人材が高取から全国へ活躍していく。

「天保国絵図大和国」（部分）

① 盲聾の儒学者、谷三山

儒学者谷三山に高取藩士が多く学び、植村家教もまた三山を召し出して侍講とした。目と耳が不自由でも外交問題、藩政の指針を教授した三山は高取藩の指針となった。

少年期で聾者に

谷三山は、享和二年（一八〇二）、大和国八木村の商家に生まれた。通称を新助といい、のち昌平と名乗り三山と号した。

読書が好きな少年であったが、十一歳の時に目と耳を患って以後、ほとんど耳が聞こえなくなり、十五、六歳の頃にはまったく聞こえない状態になった。三山は小説を好んで読んでいたが、ある時に兄から小説など無稽だと揶揄され、それから発奮し、日本の歴史書や儒教の古典の数々を読み始め学問に励み出した。

谷家の自室からほとんど出ることなく、ひたすら学問を続けた三山は『十八史略★』『史記★』をはじめ、あらゆる書物を読破し、独学で優れた見識と思想を持つに至った。

▼十八史略
元の曾先之が著した史書で、古代から南宋までの興亡治乱が簡略に書かれており、児童用の読本として使われた。

▼史記
司馬遷が著した、黄帝から前漢の武帝までの歴史書。

猪飼敬所との交流

文政十二年（一八二九）、二十八歳になった三山は、兄とともに京都へ上り、儒学者として名声が高い猪飼敬所★を訪ねた。猪飼敬所は、経学研究者である中井履軒★に影響を受けた折衷学派★で、かつ世間に溢れる空文を厳しく批判し目にした書のすべてに正誤・批評・注釈を加えるほどの人物で、その博識と高名は世間に知れ渡っていた。

三山は、六十七歳の敬所と筆談を重ね、自分の師はこの人であると感じ、敬所もまた、若い三山の見識の高さに舌を巻き「博覧強記、老拙の及ばざるところ」と評した。のちに敬所は八木村の谷家を訪れており、三山と四日四晩の筆談をするなど深い親交が続いた。

三山は京都における儒学者たちと親交を得たが、その中でも特に頼山陽とは学友として深い交わりを持った。ふたりは直接出会うことはなく、常に書簡のみであった。山陽の死後、三山は頼支峯（頼山陽の二男）の訪問を受けている。支峯は「我が父山陽、死に臨みて語りけるは、この印は平生猥に使用せざりき。予が没後これを用いるべきものは三山谷氏あるのみ、汝、機あらば往きて我が意を伝えよ」との山陽の言葉を伝え、山陽の印「陶鑄万古」を贈った。

▼猪飼敬所
一七六一〜一八四五。岩垣竜渓に儒学を学んだ。頼山陽と親交があり、津で藤堂藩主の賓師となった。

▼中井履軒
一七三二〜一八一七。大坂の儒学者。五井蘭洲の懐徳堂に学び、私塾水哉館を開いて教えた。文化元年（一八〇四）、懐徳堂の学主となった。派手な生活は好まず「幽人」と称した。

▼折衷学派
学問を朱子学に限定せず、漢唐の訓詁学を取り入れた儒学の一派。

家塾興譲館を興す

三山の名声は次第に畿内に広がり、教えを乞いに訪れる者が多くなった。天保十一年（一八四〇）、三十九歳の時に家塾「興譲館」を開くと門弟は瞬く間に増え、高取藩士も多く入塾した。

「興譲館塾約」は、前文・一二条の規則・後文から成り、三山の学問への情熱が余すところなく述べられている。

前文には「聖賢の道を学び古人の書を読むこと二十余年。耳が聞こえないためにすぐに世の中に役立つことはできないが、後世の人々のために書物を著し研究したことを書き残していきたい」とある。

後文では「人と争うことをせず勝心を持たず、己を虚しくして理解の喜びを求めよ。聖人の道は、礼に始まる。礼は、敬と譲の二字である。書を読んでも尚、小人であれば、天地父母の罪人である。吾が塾に入る者は、年長者を敬い人を先にして己を後にし、立ち振る舞いや言葉に気を付け、古道に照らして自ら善処し、君子の域に近づかねばならない」とある。

優れた先人の行動に学ぶことによって、学問への姿勢だけでなく普段の生活態度まで厳しく律することが、三山の方針であった。

高取藩に招聘される

弘化元年（一八四四）、藩の用人築山愛静の推挙によって三山は藩主植村家教に召し出され、永代三人扶持、苗字帯刀を許され士分に列せられた。以後、藩主の侍講として治道★や情勢を講義し藩学の振興に情熱を傾けた。家教、十一代家貴・十二代家興・十三代家保へと藩主が代わっても常に重んじられた。

嘉永元年（一八四八）、三山は藩主になったばかりの家貴へ以下の建白をしている。

一、勝手な利益についていうことを禁ずる事。
一、贅沢をやめ倹約を守り、仁政を行うべき事。
一、賞罰を明らかにし、昇進降格を厳しくして、忠孝を厚くすべき事。
一、学校を興し、儒学者を招聘し人材を育成すべき事。

かつて九代藩主家長の時代に、鳥山輔昌を侍講として招いていたが、高取藩では藩是・藩学といえるものは、まだ確立していなかった。明瞭かつ簡潔な三山の建白は藩の基礎方針となった。藩士たちはこぞって三山のもとで学び、興譲館があたかも藩校のようになった。

▼治道
国を治める道。

三山は、嘉永六年に「靖海芻言」と題する外交問題の意見書を書き上げている。これは、外国との通商を拒否して防衛策を講ずると同時に、西洋の情勢を学び西洋の学問を積極的に取り入れ、その上で対等な外交を行うようにしなければならない、とするものであった。

文久二年（一八六二）、六十一歳になっていた三山は、視力が弱まり、ほとんど目が見えない状態であった。それでも藩主家保に面会して「攘夷三策」を献言し、翌年にも「尊王攘夷論策」を上書している。内容は「幕府が朝廷へ攘夷を約束し、諸藩も海岸防備に尽力し国論が高まっているにも関わらず、攘夷をせず志士たちを弾圧している。そうなれば志士たちも過激にならざるを得ないであろう。彼らは忠誠憂国の士であり、慷慨憤懣のあまりに外国人の攻撃に出るのである。それを察せずに、幕府の役人は自分の立場だけを考え、責任を逃れるために志士たちを罰する。攘夷の詔を奉じながら姑息な計を行うようでは、幕府の安泰を図ることはできない。自分が常に学ぶところは聖賢の道にて、つまりは尊王攘夷にほかならない」との内容であった。幕府を批判するものであったが、三山の真底から出た言葉であるとして、家保は杯を与えている。

▼梅田雲浜
一八一五～一八五九。小浜藩士。藩校順造館で崎門学を学び、江戸で山口菅山に師事する。長州の産物交易や御親兵設置など、富国強兵を視野に入れた尊王攘夷活動に奔走した。安政の大獄で捕らえられ獄中死した。

▼頼三樹三郎
一八二五～一八五九。頼山陽の三男。篠崎小竹に学び、江戸に遊学して昌平坂学問所に入る。尊王攘夷活動に従事し、安政五年（一八五八）、水戸藩への勅許降下を画策し安政の大獄で捕らえられ斬首された。

森田節斎との交友

宇智郡五条村（五條市）の儒学者森田節斎は、三山の教えを深く受け継いだ人物のひとりである。十五歳で京へ行き、猪飼敬所、頼山陽に学び、さらに江戸の昌平坂学問所で学んだ。京都で開塾して多くの門弟を教え、また梅田雲浜★や頼三樹三郎★、吉田松陰★、宮部鼎造★など多くの尊王志士たちに影響を与えた。

三山と節斎の交流は、頼山陽が没した九年後の天保十二年（一八四一）に、山陽の門人たちによって刊行された遺稿集『山陽遺稿』がきっかけであった。その巻末に、門人のひとり備後国福山藩の儒学者江木鰐水★が「山陽先生行状」と題する一文を書いて附載した。これを読んだ節斎は、この内容は師の真の姿を伝えるものではない、として江木鰐水へ詰問状を送り付け、両者の間で論争が展開された。これは世間の儒学者たちの注目を集め、節斎の名声は高まり、その論法の鋭さは狼に例えられた。

節斎の攻撃は、山陽の親友で『山陽遺稿』の序文を書いた篠崎小竹★にも向けられた。節斎は小竹へ送る反論文を送る前に、三山へ校閲を願った。三山は快諾し一語一語丁寧に検討し、隙のない論文に仕上げる手助けをした。以後、節斎は、数々の文章述作を世に出すにあたり、三山の指導を受けることが多くなった。

それまで書簡のみのやり取りであったふたりは、弘化四年（一八四七）、高取藩士築山愛静の邸で初めて出会っている。節斎はまず先の論争について「小竹と僕との筆戦、天下嘱目す。老兄のたすけを得て先ず勝利のかたち、多謝多謝」と深

▼吉田松陰
一八三〇～一八五九。長州藩士。安政元年（一八五四）、ペリーが再来日した際に金子重之助とアメリカ密航を企てて失敗し、実家の杉家へ幽閉される。その間、松下村塾で高杉晋作や久坂玄瑞らを教育した。

▼宮部鼎造
一八二〇～一八六四。熊本藩士。吉田松陰と交流があり、東北巡遊に同行し、松陰のアメリカ渡航計画を励ました。尊王攘夷活動に奔走したが、元治元年（一八六四）京都の池田屋で志士たちと会合中に新撰組に襲撃され自刃した。

▼江木鰐水
一八一〇～一八八一。京都で頼山陽に師事し、のち、篠崎小竹や古賀侗庵に学ぶ。福山藩儒官となり幕長戦争や戊辰戦争に参謀として参加。明治以後は士族の授産に尽くした。

▼篠崎小竹
一七八一～一八五一。大坂に生まれ、漢詩サロン混沌詩社の同人篠崎三島の養子となり家塾梅花社を引き継いで多くの門弟を指導した。

謝をした。ふたりは学問、情勢、儒学者たちの人物評などについて三日三晩、大いに語り合った。会話はすべて筆談で行われたため、その内容のすべてが「愛静館筆語（あいせいかんひつご）」と題されて残っている。

吉田松陰の来訪

三山のもとには、全国から多くの志士たちや儒学者たちが訪れ教えを乞うた。長州藩の吉田松陰も、そのひとりである。

松陰が大和国を訪れたのは、二十四歳の時であった。嘉永六年（一八五三）二月に五条村の森田節斎を訪ねた松陰は、五月一日まで滞在して教えを受けた後、節斎に勧められて三山を訪ねてきた。三山の海外に対する知識の深さに感銘を受けた松陰は、海外渡航への思いを強くしたといわれる。折しも六月にアメリカ東インド艦隊司令長官ペリーが来日し、通商や自国の捕鯨船への物資供給等を求めてきた。国内は、その対応策や外交方針を巡って議論が沸騰したが、松陰は翌年に再来日したアメリカ船に近づき渡航しようとした。これは実現せず、獄に繋がれた後、国許に蟄居となった。その間に松下村塾で門弟たちを指導していたが、安政の大獄で梅田雲浜が捕縛されたことに関連して松陰も捕らえられ、安政六年に刑死した。

吉田松陰肖像

松浦武四郎の来訪

蝦夷地の探検家であり地誌学者の松浦武四郎も、松陰の来訪の五カ月後、三山を訪ねて教えを乞うている。武四郎は、伊勢国須川村（三重県松阪市）の出身で、十六歳の時に家を飛び出して全国を旅して廻り、風土や文化の研究に没頭した。外国船の近海出没が増える中で、ロシアが蝦夷地を狙っていることを知ると、武四郎は蝦夷地へ何度も足を運び、樺太までも探検した上で、樺太の防衛や鉱山開発などを幕府へ建言し蝦夷地開拓の途を開いた。

三山のもとを訪れた武四郎は、実地検分してきた蝦夷地の状況について話し、今後のロシアとの海防問題について意見を聞いた。谷家の一室から出ることがないにも関わらず三山の知識は豊富で、武四郎が知らない最新の情勢にも精通しており、彼を驚かせたという。その後、武四郎は幕府から蝦夷地御用雇入の役を受け、蝦夷地の踏査に尽力し『按西扈従・按東扈従・按北扈従』『東西蝦夷山川地理取調日誌』など、約二百冊もの著作や絵図を著した。

明治二年（一八六九）、旧佐賀藩士島義勇★とともに開拓判官に任じられ、蝦夷地に代わる名称に「北加伊道」を提案し、それを元に「北海道」の名が付けられた。名実ともに蝦夷地通として開拓使に欠かせない人物となっていた武四郎は、蝦

▼島義勇
一八二二〜一八七四。佐賀藩士。安政三年（一八五六）に藩命で蝦夷地探査をし、明治二年から開拓判官として札幌市街地整備の基盤を築いた。アイヌ民族を酷使する場所請負制の廃止や予算問題で開拓使と衝突し解任された。明治七年、佐賀憂国党首領として佐賀の乱を起こし、敗れた。

夷地に居住していたアイヌ民族との共生を訴え続けていた。しかし、アイヌ民族を労働力として酷使する悪徳商人とそれに結託した政治家によって、開拓使の中で孤立へ追い込まれていった。明治三年、失望した武四郎は従五位の官位を返上して辞職し、その後は、一度も北海道に足を踏み入れることがなかったという。

晩年の三山と門弟たち

元治元年（一八六四）、六十三歳になっていた三山は、情勢が変わらないことを憂いて、内治・外交・経済についての一大上申書を書いて朝廷へ出した。また神武天皇陵造営（じんむてんのうりょうぞうえい）★について、八木村・今井町の民に多大な負担がかかっていると、京都所司代松平定敬（まつだいらさだあき）へ意見書を提出している。

この頃の三山は、耳が聞こえず目が見えない状態であったため、考えを伝えるには口頭か、自身が紙に書きなぐったものを門弟が清書するという方法しかなかった。門弟たちは三山の言葉を聞き、彼の掌に文字を書くことで会話をしながら、師の文章を作った。興譲館の講義も終始その状態で続けられたが、慶応三年（一八六七）十二月、三山は病に倒れ明治維新を目前にして亡くなった。

門弟たちの多くは、その後、教育界や政界で活躍した。高取藩領の小房村（おぶさむら）（橿原市（かしはらし））の大庄屋だった前部重厚（まえべしげあつ）は、明治九年（一八七六）、奈良県が堺県に合併さ

▼**神武天皇陵造営**
奈良県橿原市大久保町の畝傍山東北陵。幕府が行った陵墓修復事業で、所在不明だった神武天皇陵の調査が行われた。文久三年（一八六三）、畝傍山にほど近い「ミサンザイ」の地に一万五千両をかけて修復造営された。

れ、さらに明治十四年に堺県が大阪府へ合併されると、大阪府会議員となった。大阪府から奈良県を分離して再設置する運動を興して、これを実現させた。明治二十二年、初代八木町長に就任し、奈良公園の拡張整備にも尽力し「奈良公園の父」と呼ばれた。生前に門弟三〇〇人によって彼の功績碑が観音寺（通称おふさ観音／橿原市）の境内に建立されている。

山辺郡備前村（天理市）出身の上田淇亭は農家の出であったが、三山が「本州一の学者となる」と評した人物で、慶応元年に高取藩の藩校講文所（明治三年に明倫館と改称）の教授となって藩士の教育に努めた。

森鉄之助（竹亭）は、初め篠崎小竹のもとで詩文を学び、三山に入門した。勉学に熱心で「京阪で最も古書を研究し、字義訓詁に精通している」と三山が評した。五条代官所が開設した学問所主善館の教授を務め、のちに狭山藩（大阪府大阪狭山市）に招かれて学問を講じ、明治後は堺県立学校の教頭に就任した。主善館教授時代の門弟に、明治政府で外務大臣を務めた陸奥宗光がいる。

田井ノ庄村（高取町田井庄）の藤井十平（紫泉）は高取藩の藩医で、篠崎小竹、華岡青洲、三山に学んだ。他藩の志士たちとともに勤王活動に身を挺していたが、明治維新後は村へ戻り、医業の傍ら陵墓の研究や門弟の指導をし、明治三十六年に没した。如来寺（高取町市尾）に頌徳碑が建立されている。

大和高田の商家の生まれの岡本通理（黄中）は、三山に学び、森田節斎、藤沢

藤井十平の頌徳碑（如来寺／高取町市尾）

南岳、大槻磐渓らと交友があった。紀伊国田辺藩に招聘されて藩校文武場（明治二年から修道館に改名）で漢学を教えた。廃藩置県後は堺県に奉職したが、明治十五年頃には大和国へ戻って子弟の教育にあたったという。

田原本（磯城郡田原本町）の交代寄合平野氏の家臣西谷絅庵は、十二歳で吉村柳亭に学び、十三歳で三山の門弟となった。慶応元年に目付兼郡代役に、同二年には用人になり、田原本藩が立藩されると家老に就くとともに藩校擇善館（のち明倫館と改称）の教授を務めた。

吉村柳亭は田原本の豪商で、交代寄合平野氏の掛屋を務め給人の待遇を受けていた。三十二歳で谷三山の門に入り、経書・史書を修学した。

宇陀郡松山町出身の蘭医久保耕庵も三山の門弟で、緒方洪庵に蘭学を学び、蘭医として大和国に種痘を普及させた人物である。

大和国で学問を志す者のほとんどが三山の薫陶を受けており、高取藩は、江戸時代後期の大和国における学問の中心地となった。明治三十年（一八九七）、三山の没後三十年祭が、門弟約五十人によって旧高取藩植村家の下屋敷で盛大に開催された。大正六年（一九一七）、奈良県高市郡教育界によって営まれた五十年祭では、八木町に頌徳碑が建立され、同年、三山に正五位が贈られた。

▼藤沢南岳
一八四二～一九二〇。高松藩の儒学者。父藤沢東畡が開いた大坂の漢学塾泊園書院を継承。高松藩の藩政に参画して佐幕から勤王に転換させ藩校講道館の督学となった。

▼大槻磐渓
一八〇一～一八七八。仙台藩の蘭学者大槻玄沢の二男。江川英龍のもとで西洋砲術を学び、藩校養賢堂の学頭として藩兵の訓練にあたった。戊辰戦争では奥羽越列藩同盟を結成させたが、新政府軍に敗れて下獄した。

▼交代寄合
三千石以上の旗本のうち、知行地に居住し江戸へ参勤する者。

▼緒方洪庵
一八一〇～一八六三。大坂で適々斎塾を開き医業のかたわら蘭学を教えた。同塾から大村益次郎、橋本左内、福沢諭吉など多数の人物が輩出した。牛痘種痘の普及に尽力した。

②老農、中村直三

困窮する農民を助けたい、との一念から稲種の改良に取り組む。
高取藩をはじめ各地に招聘され農業指導を行い、
明治の三老農として全国に名を馳せた。

石門心学を教え褒賞される

中村直三は文政二年（一八一九）、永原村（天理市）に生まれた。奈良奉行所の小頭を務めている時、私欲のない直言が奈良奉行川路聖謨に気に入られて重宝された。川路が大坂東町奉行へ転任すると、直三は役人を辞して家を弟の淳蔵に託し、父の郷里である竜田村（生駒郡斑鳩町）に移って農具の販売を始めた。

その一方で、石田梅岩が説いた庶民の為の道徳学問である石門心学に傾倒し、かつて手島堵庵が興した心学舎を再興した。石門心学の教えは、民衆に分かりやすい道話・道歌などで行われており、直三も自作の「気やしなひ、らくなづくし」「忠孝いろは歌」などの歌を子供たちに面白く聞かせてまわった。また、道に蓆を敷いて若者を呼び集めては道話を講じ、永原村の会所では毎晩、大人から

中村直三肖像
（『日本農書全集61』より転載）

子供を相手に、熱心に心学を説いたという。万延元年（一八六〇）、四十二歳の時、この活動により高取藩主から褒詞を賜った。

農事改良に取り組む

正確な年は不明だが、永原村では、田が検地の公称値より九十六町、石高にして二百四十石分の不足があることが分かり、村人たちは有名無実の田の年貢に苦しんでいた。

永原村は幕府領であったが、領地を治めていたのは幕府領を預かる高取藩であったため、村人たちは、土地のない分の年貢免除を高取藩へ訴えた。しかし聞き入れられず、江戸へ越訴(おっそ)★を行うまでになり、数人が高取藩に捕らえられて投獄される事態になったという。直三は、村役人と相談をして村人たちを鎮撫し、稲を改良して収穫高を増やす取り組みを始めた。収穫量の多い品種を育てること、収穫量が増える育て方をすることによって、百姓の生活が成り立つようにと考えたのである。

文久二年（一八六二）、田のすき方、田植えの方法、肥料のやり方まで、独自に工夫した方法を「勧農微志(かんのうびし)」という書物に著した直三は、これを村々に配布して農業指導を熱心に行った。村人たちも、これ以上の強訴は断念して直三の指導に

▼越訴
管轄の役所を越えて上級の役所へ訴えること。

基づいた稲作に取り組み始め、やがて二百四十石の年貢分も問題にならないほどの収穫を得られるようになった。

この土地の問題について直三は、のちの明治元年（一八六八）に永原村とその近隣一一カ村の田を測量し地図を作製して反別★を明らかにし、奈良府（奈良県）に対して減租を願い出て認められている。

梅田雲浜との出会い

試行錯誤の稲種改良の取組の中で、直三は、安政三年（一八五六）に高田村（大和高田市）を訪れていた梅田雲浜と面会している。雲浜は長州藩と上方の間に交易の途を開くなど、済世利民★の志をもって勤王活動をしていた志士であった。雲浜は、直三の取組に感心し大いに期待を寄せ、仕官を勧めた。直三が自分の志はただ選種殖産にあると言ってこれを断ったところ、雲浜は長州との交易の構想を話し協力を求めた。

直三は快諾し、賛同する者たちを集めて大和に産物捌所を開設するなどして奔走したが、雲浜は安政の大獄で捕らえられ獄死した。

交易への協力はとん挫したが、雲浜との出会いによって直三は、稲種の改良とその全国的な普及へと視野を広げていく。

▼反別
田を一反ごとに分けて税をかけること。

▼済世利民
民衆に利益をもたらし、世の中を救うこと。

老農、中村直三

優良稲種を配布する

直三の農事改良は、近隣や他国からよい稲種を取り寄せては試作田で植え付けて改良していくもので、良種は村々に分け与えるだけでなく、試験田には「欲しい者は勝手に持っていくべし」との札を立てた。人々は直三の稲を「心学穂（しんがくほ）」または直三の父の名前にちなんで「善五郎穂（ぜんごろうほ）」などと呼んだ。

文久三年、伊勢錦（いせにしき）と榊原穂（さかきばらほ）という稲種を手に入れた直三は、これらを試作した結果、他の品種よりも収穫量が多いことが分かり、この二種を広く普及する計画を立てた。心学舎の同志たちと図って資金を集め籾種（もみだね）五十二石を購入すると、翌年から近隣の村や隣国へ送り、その代わりにその土地の優良種を提供してもらう稲種交換改良法を始めた。数年後、その成果は大いに上がり田はいずれも増収になったという。こうした方法で試験したあらゆる稲種の中でも、茅原穂（ちはらほ）、大和穂（やまとほ）と呼ばれる稲種は特に良品であることが分かり、直三はこれに稲種の由来や栽培方法を記した印刷物を付けて広く配布していった。

高取藩での農事指導

稲種交換改良法は成果を上げ、直三はこれらを全国へ普及することを計画し、手始めに近隣諸藩へ建言を行ったところ、大和国各藩がこぞって依頼をしてきた。高取藩に招かれた直三は、領内の田を廻って稲の調査を行うとともに、農事改良を指導した。直三の指導は農事だけでなく、生活全般に及んだ。米の炊き方や薪炭の節約法・米の貯蔵法をも研究し「台所経済法」「お米に虫のいらぬ法」などを著して配布した。これらは農民の実生活に結び付いた、まさに生活の知恵の結集であった。直三は常々「稲は天祖の賜にして貴賤衛生の本(もと)、百物製作の原素である」と人々に説いた。「命の親とするものは、父尊米と母のお麦のほかにはあらじ」と、米麦を父母になぞらえ「米麦は万物の命の親」であると常に恭敬の念を抱き、人々に米麦の大切さを懇切に指導した。これらは分かりやすいこともあって村人たちにすぐに浸透した。

こうした指導によって明治二年(一八六九)、高取藩から褒賞金を賜っている。高取藩への指導はその後も続き、翌明治三年にも褒賞金を受けている。農事指導は高取藩に留まらず、大和国内の各藩で実施された。

明治四年には、大和郡山藩が藩士に召し抱えたいと申し出てきたが、直三は「一藩に仕えれば自分の仕事は藩内のみに留まってしまう。自分は、全国に農事改良を広めたい」と言って断った。

同年、熊本藩から農学実習生が数回にわたって直三の指導を受けに来た。実習生の人数は多く滞在期間は半年にも及んだが、直三は、彼らを自宅に寝泊まりさせ、丁寧に実地指導をした上、帰国の際には優良稲種八十余種を櫃に詰めて餞別に持たせた。実習生が、滞在中の宿泊費を払おうとしても「我が家は旅宿にあらず」と、謝礼も宿泊費も一切受け取らなかったという。

　その後、廃藩置県・秩禄処分が相次いで行われ、帰農した士族たちから頻繁に指導を乞われたが、直三はどんな時でも出向いて丁寧な指導を行った。

奈良県の殖産農業に貢献

　明治になると、奈良県は殖産農業に力を入れ始め、直三は奈良県令四條隆平（しじょうたかとし）から桑の試植を委託された。山根兵蔵★らとともに伊勢へ出向いて桑の種子を入手し、三年後には数万本にまで増やすことに成功した。直三は、それを各地へ頒布するとともに養蚕指導をも行った。また、農業と交通の便は密接であると考え、明治五年に道路改修を奈良県へ建言し、宇陀郡高井村（宇陀市）から宇陀郡山粕村（うだぐんやまがすむら）（宇陀郡曽爾村（そにむら））の間の伊勢街道の改修を実現させた。また、石上神宮（いそのかみじんぐう）★（天理市）の参詣路の整備も行っている。明治六年、これまでの農事改良に対する長年の功績が認められ、奈良県から賞状と金十円を賜った。

　明治十年（一八七七）八月、第一回内国勧業博覧会が東京で開催され、直三は、

▼山根兵蔵
宇陀郡萩原村（宇陀市榛原町）の農家で、直三の心学舎の社友。

▼石上神宮
奈良県天理市の布留山の麓にある神社で、布都御魂剣を祀る。物部氏の氏神で、平安時代には白河天皇が崇敬した。社宝に国宝七支刀があることでも知られる。

稲種とその収穫表・アップランド綿★などを出品し、内務卿大久保利通から龍紋賞牌を授与された。

老農として全国で農業を指導

明治政府主導の殖産興業では、農学校が設立されて欧米の指導者による欧米式の農業技術や農業経済が取り入れられていった。その代表的な機関が駒場農学校（東京大学農学部）や札幌農学校（北海道大学）である。しかし、稲作を中心とする日本の農業に欧米の指導は合わず、依然として百姓の農業は従来と変わらない方法で行われていた。自然と、各地で稲作に熟練し知識が豊富な老農への注目が集まり、各府県が争って老農を招聘し指導を受けるようになっていった。その代表的な人物が、香川県の奈良専二、群馬県の船津伝次平、福岡県の林遠里、秋田県の石川理紀之助★、そして奈良県の中村直三などである。

直三は各地から招きを受け、指導に多忙を極めた。明治十年には、秋田県令石田英吉に招かれ、秋田の老農石川理紀之助らとともに二年をかけて秋田米の改良に取り組んだ。その後、宮城県に招かれて五カ月余り滞在して指導を行い、明治十三年には堺県の勧業係に就任して大和綿の改良を行ったほか、石川県・福井県・滋賀県でも指導を行った。

▼アップランド綿
中央アメリカ原産の綿。

▼石川理紀之助
一八四五～一九一五。秋田県の老農。明治二十四年（一八九一）、地価修正反対委員として活躍した。町村農会を設立し農村の土地や土壌の調査行い「適産調」をまとめた。

博覧会における栄誉

明治十三年（一八八〇）、奈良博覧会★が開催され、直三は稲種三五〇種を出品し、一等褒状と金五円を賜り、京都府博覧会でも同様の出品をして銀牌を受けた。

明治十四年に開催された第二回内国勧業博覧会には、七二八種もの稲種を出品し有功賞牌一等を授与している。博覧会の審査官兼特選報告員で農商務省官僚の半井栄（なからいえい）は博覧会出品者の報告書で直三について次のように記している。

「中村直三氏は世に隠れなき老農なり。（中略）今会の出品は、さらに七二八種の多きに及へり。農業館中、一個人の出品にして斯く広濶（こうかつ）なる区域を占めたるは、蓋し（けだ）同氏の外復（ま）たその匹（ひつ）を見ず。雄偉絶特（ゆういぜっとく）★の観と云うべし。」しかも試験田の雛形や肥料の見本、農具なども陳列されており、丁寧親切な内容に半井は感動を込めて「彼の人柄がおのずから表れている」と評した。

百姓を救う直三の信念

この博覧会で直三は、出品物とともに自分が稲種改良をしてきた思いを「列品主意」と題して掲げた。それによると「大和国は、本土の中央にあって風土に見

▼**奈良博覧会**
第一次奈良博覧会は明治八年（一八七五）、東大寺の回廊で開催された。正倉院の宝物が初めて出陳され約十七万人の入場者があった。博覧会は明治二十七年まで十八回開催された。

▼**雄偉絶特**
非常に優れていて秀逸なこと。

合う素晴らしい土地であり、肥料が乏しいわけでも農具に困っているわけでもない。それなのに、他の地域と同じように同じ農民でも貧富の差がある。これはなぜなのか」と提議した上で、収穫量に差があるからである、と分析し、だから自分は多量の稲種を改良するようになったのだと述べている。

さらに直三は、豪農ついて苦言を呈している。「世の中の富農は、家計豊かで広い交際がある。稲の優良種を求めることはたやすいことなのに、その多くは自分で稲作をしていないので、そんな考えもない。土地を所有し、小作人に稲作をさせている者を「農民」と呼ぶことができようか。地貸渡世（土地を貸して生業としている）と呼んで、あながち間違いでないだろう。世の中のいわゆる「農民」とは、貧農であり小作人のことである」。つまり、農民とは土を耕し稲を作る者たちであって、自分で稲作をせず小作人を使っている富農は、農民ではなく地貸渡世であると断じているのである。

直三の思いは国へ向けられ、次のように締めくくられている。

「嗚呼、痛ましきや。小民、何の罪がある。それがし実際目撃し、為に思わず惻隠の心を生ぜり。請う、その実際を陳じ併せて憂国の赤心を吐露せむ。朝政、農を憐み給い、減税の法を立てさせらる他なし。国本を培養し、その堅実ならんことを欲し給うてなり。」

農民の現状を示し、減税によって国の基礎を養い育てよ、という。直三が農業

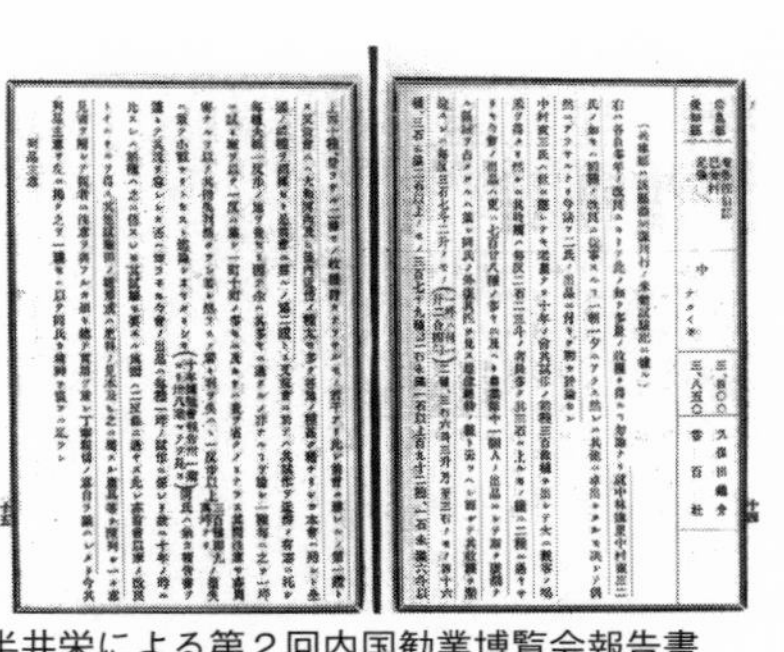

半井栄による第２回内国勧業博覧会報告書
（国立国会図書館蔵）

に尽くしてきた思いは、農民の生活苦を憐れみ救いたい、ただこの一点であった。

明治天皇の御言葉を賜る

内国勧業博覧会とともに、明治政府は殖産興業政策のひとつとして、共進会を開催した。共進会は、産業技術交流を目的とした展示会や集会で、製茶共進会、綿糖共進会（綿と砂糖）繭糸織物陶漆器共進会などが次々と開催され、明治期の産業を大きく進展させた。直三は、明治十五年の米麦大豆煙草菜種共進会に、奈良県の出品人総代として出品し、明治天皇から特別名誉の金牌賞と金一封を賜った。この時、明治天皇から「日本老農中村直三の意を嘉す。益々奮励せよ」との言葉があり、感涙にむせんだ直三は、自分は下賤の身であるからと、直接で賞を受け取ることをためらっていると、傍に控えていた農商務卿の西郷従道から、自分の手で受けるように促されたという。

共進会を終えて帰郷した直三は、この栄誉に浴したのは、先人たちの長年の啓蒙によるものだと感謝し、永原村の御霊神社で、貝原益軒や佐藤信淵★などの先人と、自分の農事改良事業をともにしてきた協力者、関係者の故人の慰霊祭を施行した。これには、大阪府知事建野郷三や旧奈良県★の各郡長など、一〇〇人余りが参列し、大日本農会の会頭である北白川宮能久親王をはじめ多くの人々から

▼佐藤信淵
一七六九〜一八五〇。出羽国生まれの経済学者。平田篤胤に師事。経済や農政に関する著作を多く著した。

▼旧奈良県
明治十五年は、奈良県は大阪府に合併されていた。

祭文が寄せられた。

同年八月、大阪の農談会で講演を行い帰宅した直三は、病を発症し、十三日に六十四歳で死去した。

直三を顕彰した人々

直三の死去が知らされると、能久親王は「実に全国農事のために痛惜するところなり」と嘆き、祭祀料金三〇円を寄せた。同年九月に有志が集まり直三の顕彰碑建設を発起し、各方面を廻って寄附金を募り始めた。そして明治三十二年（一八九九）七月、猿沢池の畔に二・五メートルの碑が建立された（現在は奈良市登大路町の県庁東交差点東側へ移設されている）。「中村直三農功之碑」の篆額は能久親王が、品川弥二郎★の撰文を巖谷一六★が書いている。

大正四年（一九一五）十一月、直三に従五位が贈られ、それを記念して郷里に「中村直三之碑」が建立された。除幕式には二百数十人の参列者が集い、直三の偉業を偲び贈位を祝った。

▼品川弥二郎
一八四三～一九〇〇。長州藩出身。明治三年（一八七〇）に渡欧しドイツの農政などを研究し農商務大輔を務め、大日本農会を結成。

▼巖谷一六
一八三四～一九〇五。近江国水口藩の藩医、書家。日下部鳴鶴・中林梧竹と共に明治の三筆と称される。

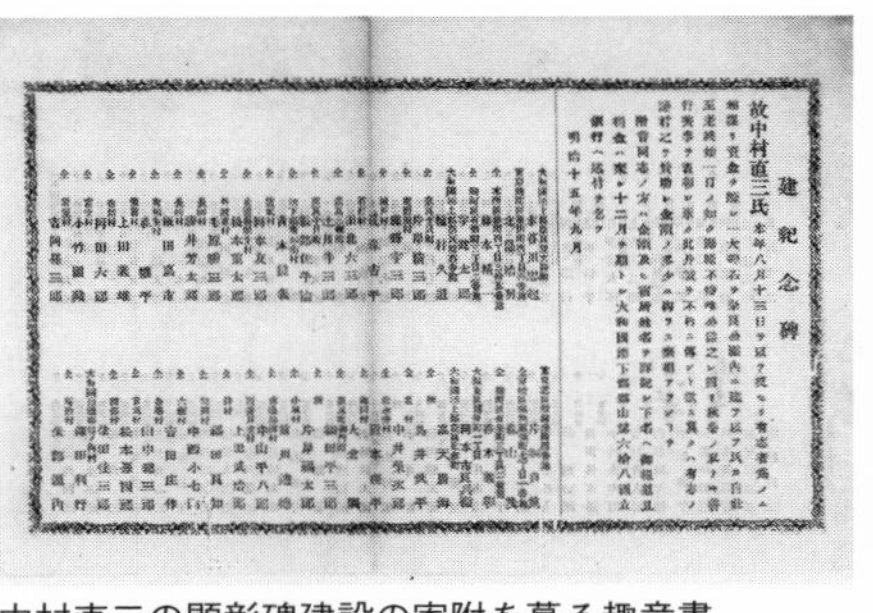
中村直三の顕彰碑建設の寄附を募る趣意書
（奈良県立図書情報館蔵）

橿原神宮創建の立役者、西内成郷

神武天皇の聖蹟調査に取り組んだ高取の市井の人。神武天皇の事蹟を調査し、十年余りの歳月をかけて橿原宮址の特定し宮内省へ宮址保存を訴える。政府の迅速な対応と調査があって発願から約二年で橿原神宮創建となる。

神武天皇の事蹟調査に取り組む

西内成郷は安政二年（一八五五）、上子島（高取町上子島）に生まれた。明治十一年（一八七八）には堺県地租改正掛傭となり同十四年には大阪府租税課に勤めた。その後、宮内省諸陵寮の孝元天皇陵の守長★就任を皮切りに、孝昭天皇陵、考安天皇陵、日本武尊陵、斉明天皇・間人皇女陵、岡宮天皇陵、天武天皇・持統天皇陵、文武天皇陵、吉備姫王墓などの守長を歴任した。数々の陵墓守長を務めたことで、成郷は神武天皇の事蹟に関心を寄せその調査をするようになった。

『古事記』によれば神武天皇（神倭伊波礼毘古命）は、天下を平和に治めることを志して日向国高千穂から東征を試み、各地の豪族と戦いながら国内統一を果たした。そして「六合を兼ねて以て都を開き八紘を掩いて宇と為さむこと、ま

▼守長
山稜を管理する役人。

た可（よろし）からずや」との詔のもと、畝傍山東南の橿原に都を定め初代天皇に即位した。

幕末に徳川幕府によって天皇陵修復が行われ、神武天皇陵の場所は特定が進められ「神武田」という字にある山本ミサンザイ古墳（奈良県橿原市大久保町）が治定され整備された。「ミサンザイ」とは「陵」が訛ったとされる。神武天皇陵は文久三年（一八六三）十二月に築造を終えたが、橿原宮址の調査は行われず、明治になっても不明のままであった。成郷は十年余りをかけて古文書、地誌、学説、古老の話などを徹底的に調べ検証し、畝傍山の東麓に磐余（いわれ）と称する地があり、御陵に結び付くと考えられる字名が残っていることなどから、宮址は畝傍山東南の白檮邑畝傍（しらかしむらうねび）の地と考定した。そして宮内大臣や次官へ宮址を治定して保存するよう働きかけた。

成郷は顕彰碑建立を発案し、明治二十一年（一八八八）二月、内務大臣山縣有朋（やまがたありとも）、宮内大臣土方久元（ひじかたひさもと）宛ての建言書「橿原御宮址保存之儀付建言」「媛蹈鞴五十鈴媛命（ひめたたらいすずひめのみこと）★御陵之儀付建言」を書き上げて奈良県知事へ上書した。ここで成郷は、来る四月三日の神武天皇御例祭の勅使参拝の節に実地を審査してもらいたい、その結果、御宮址を確定されたなら同地へ建碑を成し碑文は勅裁を仰ぎたい、費用の一切は自分が献納する素志である、と述べている。

奈良県知事税所篤は、この建言をすぐに内務大臣宛てに進達した。政府の動きは早く、翌月に内務省は奈良県に実地調査を行うように指示を出している。県は

▼**媛蹈鞴五十鈴媛命**
神武天皇の皇后。

高市郡郡長らに調査をさせ、結果、成郷の考定通りであるとの結論を得た。成郷は当該地のうち自分が所有している一畝二六歩（約一八五平方メートル）の土地を建碑地として献納したいと願い出ている。

翌明治二十二年一月になって宮内省の京都在勤諸陵属の職員が来県して実地検分を行い、三月には宮内省で該地保存の見込みとなり、六月には民有地一万六千余坪を買い上げた。建碑は成らなかったが、成郷は宮址保存に尽力した功労を賞され宮内省より御紋付銀杯を賜った。

橿原神宮の創建へ

成郷の運動に端を発した橿原宮址保存活動には、明治政府や奈良県とともに高市郡の有志も熱心に取り組んだ。有志四十四人は、宮址が確定した上は、そこに大神殿を建築して神武天皇及び皇后の御神霊を奉祀したいと「橿原神社建築願」を奈良県知事へ提出している。奈良県はこれもただちに内務省へ進達した。成郷は「橿原神社造営参事委員」に選出され、高市郡から、かつて谷三山の弟子であった前部重厚らも委員に選出されている。

七月には明治天皇から京都御所の内侍所（ないしどころ）★を本殿に、神嘉殿（しんかでん）★を拝殿に下賜され、明治二十三年（一八九〇）三月二十日、社号を橿原神宮とし官幣大社（かんぺいたいしゃ）★に列せられ

▼内侍所
三種の神器のひとつである神鏡を安置し天照大神を祀る所。

▼神嘉殿
新嘗祭を行う所。

▼官幣大社
神社の旧社格のひとつで、神祇官から幣帛を賜った神社のうち、最も格式が高い神社。

た。四月二日、掌典★子爵石山基正を勅使として神武天皇及び皇后の御神霊が鎮座され橿原神宮創建となったのである。成郷は感涙し次の歌を詠んでいる。

橿原の宮の春風吹き立てなひかせらめや四方の民草（『橿原神宮史』巻一）

▼掌典
皇室の祭祀を司る宮内省の職。

四代目宮司として

成郷は広瀬神社（北葛城郡河合町）の宮司となっていたが、明治三十六年（一九〇三）に橿原神宮四代目宮司に就任し、明治四十四年まで務めた。この間、本殿の修復とそれに伴う仮御殿造営と遷座の儀を行い、また本殿と拝殿が京都御所の内侍所と神嘉殿であったことから、明治政府へ願って両建築物を「特別保護建造物」へ編入させるなどしている。

創建時、明治天皇により例祭は紀元節★である二月十一日とされ、毎年勅使を迎えて祭典を執り行ってきたが、これまで成郷をはじめとする地元有志や初代宮司山根懿輔らは、神霊が鎮座した四月二日を例祭にしたいと陳情してきた。しかし許可されず、明治二十四年は寄付を募って私祭を執り行っている。成郷は、自分が宮司である間にこれを実現したいと考え、内務大臣と宮内大臣へ陳情をしている。伊勢神宮をはじめ官幣大社の例祭日はその多くが御鎮座の日と定められている、と訴えたが、どういうわけかこれは聞き入れられず、現在も橿原神宮の例祭

▼紀元節
神武天皇即位の日で、現在の建国記念の日。

は二月十一日で、四月二日は御鎮座記念祭、天皇が崩御された四月三日は神武天皇祭と定められている。

明治三十九年、成郷は橿原神宮創建の由緒と神武天皇の伝記を記した『橿原神宮御祭神記並御由緒記』を執筆、発行した。題字は宮内大臣田中光顕、内務大臣清浦奎吾、序文は枢密顧問官で国学院大学長佐々木高行、内務省神社局長で法学博士水野錬太郎、奈良県知事河野忠三、検閲は枢密顧問官兼文事秘書官長細川潤次郎、東宮侍講本居豊頴、そして跋文は文学博士井上頼圀と、錚々たる人物たちが文を寄せている。

成郷が記した神武天皇の伝記について、井上頼圀は跋文で「さてこの大祖神武天皇の御伝記に係る書、世に多く見ゆめれど、かく始終一貫正しく調べ、位たかき方々の検、学深き人々の閲などあつめつどえて物したるは他にあるべくもあらずなむ」と評している。

こうして橿原神宮は、高取の一市井の西内成郷によって創建へ至り、近年でも年間約百万人が参詣している。成郷は明治四十四年（一九一一）四月二日、五十七歳で亡くなった。翌日正五位に叙せられている。

橿原神宮（奈良県橿原市）

西内成郷著『橿原神宮御祭神記並御由緒記』（奈良県立図書情報館蔵）

これも高取

高取城へ登ろう

正攻法で行くなら、城下町から

標高五八三・六メートルの高取山の山頂に築かれた天守。城下町から正攻法で登るなら、それなりの装備が必要になる。ハイキングか登山用の靴、ストックは必需品だ。最寄り駅の近鉄吉野線の壺阪山駅から片道約二時間、四・五キロメートルである。

猿石

新櫓跡と太鼓櫓跡

本丸の石垣

一の門跡付近から山の中に入る。植村家菩提寺である宗泉寺に立ち寄るのもいい。宗泉寺との分岐点をまっすぐ行くと、道は徐々に険しくなり、一升坂と呼ばれる峻険な坂道に差し掛かる。これを登り切れば、岡口から登ってくる道と合流する。合流地点に鎮座する「猿石」は、飛鳥（明日香村）から運ばれてきたとされ、明日香村檜隈の吉備姫王墓の域内に同類の石造物があり、そこから運ばれたとみられている。郭内と城内の境に位置することから、城内の結界として置かれたと考えられている。

猿石からすぐにあるのが二の門跡で、ここから先は城内である。国見櫓跡からの大和平野の眺望は必見である。大手門跡の直前で、壺阪口、吉野口から来る道と合流する。大手門を通過すれば二の丸で、太鼓櫓跡と新櫓跡の石垣横を通っていくと天守台の高さ約一二メートルの石垣が目の前に聳える。

本丸へ登ると南方向に吉野大峰の山々が一望できる。そこでお弁当を食べるのも最高だ。

急いで本丸へ登りたい人は壺阪口から

とにかく本丸へ登りたい、という人は、車で壺阪口まで行ってそこから徒歩で壺阪口門跡、大手門跡、二の丸、本丸というコースがいい。ここからなら、本丸まで片道約三十分で行ける。

さらに時間を短縮して二の丸、本丸のみに行きたい人は、二の丸の南側斜面から登る道がある。車で壺阪口を通過し、さらに奥へ進むと行き止まりになるので、そこで車を停めて七ツ井戸の跡がある急斜面を登る。車道も狭く登る道も険しいので、かなり注意が必要だ。

これも高取

城下町の散策、山城へ向かう前に一息

高取城CG（奈良産業大学高取城CG再現プロジェクト）

観光案内所「夢創館」

石畳の城下町の一角に朱塗りの格子、大戸が一際目に付く町家がある。高取町観光案内所「夢創館」である。大正時代に呉服屋を営んでいた旧山崎邸を改修したもので、格子や二階の虫籠窓、軒下に作られた折り畳み式の台（ばったり床几）など町家の特徴が随所に見られる。

館内では高取城ＣＧ再現映像見ることができるほか、資料の展示もある。地場物産やお城グッズ、高取に関する書籍なども販売されている。高取城は、平成三十年（二〇一八）にＮＨＫで全国の数ある城の中から「最強の城」に選ばれたこともあって、城を訪れる人が増えてきた。夢創館は、険しい山城に挑む前の立ち寄りポイントとしても城下町散策の拠点としても最適だ。

くすり資料館

夢創館の蔵を改装したくすり資料館では、薬研や粉薬匙など、製薬を行っていたさまざまな道具や明治から昭和中頃の薬袋、薬の看板、行商人が担いでいた行李、置き薬の箱、売薬製剤帳や販売得意先台帳などが展示されている。レトロな薬袋は懐かしい気分になること請け合いだ。

場所　高取町上土佐二〇－二
電話　〇七四四・五二・一一五〇
開館時間　九時三〇分～一六時三〇分
休館日　月曜日（祝祭日の場合は翌日）
駐車場あり

薬種商営業の看板（くすり資料館蔵）

くすり資料館

第六章 幕末から明治へ

幕末の動乱期、大和国の警衛に尽力。明治維新を迎え植村家は高取で生きる。

高取城天守台石垣

後期の藩政と海防問題

これまで藩主は植村家直系または分家が跡を継いできたが、血統が途絶え他家から養子を迎えることになった。迎えた養子は三カ月で没するなど、ここへきて跡継ぎ問題が浮上する。

末期養子が続く

高取藩中興の祖と謳われた九代藩主植村家長の跡は、長男家教(いえのり)が十代藩主となった。家教は、享和元年（一八〇一）十一月に将軍徳川家斉(とくがわいえなり)に謁し文政十一年（一八二八）に藩主となったが、日光東照宮の代参、三河国矢作橋(やはぎばし)の普請御用、天保十五年（一八四四）に焼失した江戸城本丸御殿の再建への五千両献納など、幕府の御用が多く多額の出資に悩まされた。

嘉永元年（一八四八）、家教は病で致仕し、弟家貴(いえたか)が跡を継いだ。しかし家貴は嘉永六年に四十七歳で死去したため、肥前国大村藩★十代藩主大村純昌(おおむらすみよし)の十一男が養子に迎えられ、高取藩十二代藩主家興(いえおき)となった。これまで長男の家督相続ができなくても、二男三男や分家からの養子で家系を繋いできたが、ここで他家から

▼大村藩
長崎県大村市にあった藩。

の養子を迎えざるを得なくなった。大村藩とは、五代家包の娘が八代藩主大村純保に嫁いでいた繋がりがあった。

家興は十九歳であったが、藩主に就任してからわずか三カ月で病に伏して危篤となり、藩内は再び養子探しに奔走した。急きょ迎えられたのは、近江国膳所藩★主本多康禎の七男で、七月に家興が死去すると、九月に家保と名乗り十三代藩主に就いた。就任当時十七歳で、慶応四年（一八六八）四月に病で隠居するまでの十五年間、政務を執った。

▼膳所藩
滋賀県大津市にあった藩。

藩財政と年貢

高取藩の石高は、初代藩主植村家政の入封時は二万五千石であった。その後、二代家貞が政春（家貞の弟）へ三千石を分与し、三代家言が政明（家言の弟）に千石、政澄（家言の弟）に五百石を分与した。そのため、以後の約百年間は二万五百石になった。九代家長が藩主となってから、文政九年（一八二六）に二万五千石へ復したが、ここへきて藩財政は年々厳しくなっていったようだ。

年貢率は村ごとに異なるが全体の平均は、元禄十四年（一七〇一）は六割八厘、享保元年（一七一六）は六割、天明四年（一七八四）は四割四分七厘、元治元年（一八六四）は四割四分と変化している。

商品経済が発達するにつれて米を基本とする税収は厳しくなり、高取藩も元禄年間頃から財政難に陥ってきた。参勤交代費用、江戸屋敷の維持管理と生活、幕府から課せられる国役金などにより出費がかさむようになってくる。

元禄十四年には、大坂の両替商平野屋や今井町（橿原市）の豪商牧村家などから借入れをしている。領内の商家も藩財政を支えており、礼に藩主から下賜されたと伝えられる植村家の家紋が入った陣羽織や盆などが城下の商家に残されている。天保年間（一八三〇～一八四四）には藩への献金を促進させるため、献金額に応じて士分に準じる郷士、郷分、郷卒の格式と扶持米を与えている。

享保十五年に幕府が藩札発行を再許可（宝永四年に発行・使用を禁止していた）すると、それを受けて高取藩でも藩経済の打開策として藩札の発行を行った。幕府は藩札の通用期間として、石高二十万石以上は二十五年、二十万石以下は十五年と定めている。高取藩では享保十六年から銀五匁の藩札を発行し、通用期間は十五年であった。これは一時的に藩財政を立ち直らせたものの、根本的な解決にはならず物価高を招いた。

安政二年（一八五五）十月には安政の大地震が起こり、多くの大名屋敷が全壊したばかりか江戸城も被害を受けた。高取藩では、前年に焼失した御所の造営御用を命じられていたが、江戸城本丸普請にあたって一〇〇〇両を上納している。

ペリー来航と沿岸警備

十八世紀後半から外国船が日本近海をたびたび航行し始めると、長崎港や沿岸警備の問題が浮上してくる。文化五年（一八〇八）にイギリス軍艦が長崎港へ侵入しオランダ商館員を拿捕し食糧や薪水を要求したフェートン号事件に象徴されるように、沿岸警備や外国船への対応は急務となっていた。嘉永六年（一八五三）六月にはアメリカから東インド艦隊司令長官ペリーが艦隊を率いて浦賀に来航し、開国を求めてきた。

幕府は諸大名に沿岸警備を命じ、高取藩は嘉永七年九月に大坂近海警備に任じられて堺へ出兵をしている。文久三年（一八六三）五月には、摂津国長柄（大阪府大阪市北区）の警衛を命じられている。このように、人員、財政ともに厳しい時が続いた。

天誅組の変と軍備強化

幕末、尊王攘夷思想が浸透し、志士たちの中で攘夷親征や討幕の運動が沸き起こる。幕府の出先機関五條代官所（奈良県五條市）を襲撃した浪士団「天誅組」に、高取藩が厳戒態勢を取り、これを撃退する。

五條代官所が襲撃される

ペリーの来航によって、老中阿部正弘が身分を問わず国政への意見を広く求めたことがきっかけになり、朝廷・外様藩・在野の志士たちが政治の表舞台に登場するようになった。

十三代将軍徳川家定の跡継ぎ問題では、幕閣や諸大名が、水戸藩前藩主徳川斉昭の七男慶喜を推す一橋派と、紀州藩主徳川慶福を推す南紀派に分かれて政争があり、その間、日米修好通商条約の調印を巡る議論も紛糾した。老中堀田正睦は条約の勅許を得るために上京したが、孝明天皇はこれを拒否している。

安政五年（一八五八）、大老に就任した彦根藩主井伊直弼は、次期将軍を徳川慶福に決定し、孝明天皇の勅許のないまま日米修好通商条約を調印するなど強硬的な政治を展開し、幕政批判をする一橋派の大名、公家、志士たちの一斉弾圧を行った（安政の大獄）。

井伊直弼は、強権政治と弾圧の報復で水戸浪士らに桜田門外で暗殺され、徳川幕府の権威はこれを機に急速に失墜していった。薩摩藩や長州藩などの西国雄藩が台頭してくると、文久年間（一八六一～一八六四）には、朝廷の権威を示し攘夷を祈願する賀茂行幸★と男山行幸★が行われるなど、徐々に攘夷親征、討幕を唱える志士たちの活動が目立ってきた。

文久三年、大和国への攘夷親征行幸の計画が打ち出され、八月十三日に詔が出された。そのような中での同月十七日の深夜、高取藩へ「暴徒が五條代官所★を襲撃し、役人が討ち取られた」との情報が入った。近隣の出来事であり高取藩へも押し寄せかねないとの懸念から、藩は翌日すぐに厳戒令を出して家中全員を自宅待機にして備えさせ、釘抜門を閉ざして警戒にあたった。

谷三山の弟子が参加

五條代官所を襲撃したのは、公家中山忠光を旗頭にした土佐藩脱藩浪士吉村虎太郎ら尊王攘夷志士たちによる武装集団であった。彼らは天誅組と呼称したことから、この一連の騒動は「天誅組の変」といわれる。

▼賀茂行幸
文久三年（一八六三）三月十一日に行われ、上賀茂神社、下鴨神社へ詣で攘夷を祈願した。

▼男山行幸
文久三年四月十一日に行われ、男山の石清水八幡宮へ詣でた。

▼五條代官所
奈良県五條市に置かれ、五條市・吉野郡など約七万石の幕府領を支配した。

尊王攘夷派によって計画された行幸は、春日社、神武天皇陵（橿原市）を参拝して攘夷を祈願したのち、周辺諸大名を集めて御親征軍議を行った上で討幕へ持ち込む筋書きであった。行幸の露払いを自任した天誅組は、五條代官所へ討ち入ると代官らを殺害して南大和七万石の幕府領を占拠した。

天誅組の情報が入ってくるにつれ、高取藩の中でも、儒学者谷三山の門下生たちを中心に討幕思想を持つ者たちは動揺し、天誅組に投じようとした。三山は「天皇がいまだ大和へお越しでないのに、御政府とは越権である。純粋な心情は尊ぶが、討幕の戦には時期尚早で、真に国を憂うなら参ずべからず」として弟子たちを止めた。しかし、藩士ではない一部の門下生たちは、討幕の好機と捉えてこれへ参加した。

協力要請を反故に

八月十八日夕方、天誅組監察役の那須信吾（なすしんご）が、自軍への協力を求めて高取藩へ来た。朝廷から出された大和行幸の通り「孝明天皇が大和から伊勢へ行幸され、討幕の御軍議をされる。義兵を募って鳳輦（ほうれん）（天皇の乗り物）をお迎えするため、正義の諸藩は集まられよ」との内容であった。

那須と面会をしたのは、高取藩家老内藤伊織（ないとういおり）と多羅尾儀八（たらおぎはち）であった。詔が出て

神武天皇陵（奈良県橿原市）

いるとはいえ、天誅組の存在に疑いを持った内藤らは藩主家保と相談し苦慮の末に請書を出した。

しかし、膨大な武具や米の調達を命じられ、これについて両家老は、すぐに用意できないとの返答をし、槍三〇本・銃二〇挺・乗馬二頭をひとまず提供し、米は後日届けるとしてその場を収めた。

この来訪と応接内容について、藩は奈良奉行へ報告すると同時に、引き続き情報収集にあたった。奈良奉行への報告書には「敵対しては朝敵になり、また攘夷のことで皇国の同士討ちになっては、朝廷に対して恐れ入ることであるから、やむを得ず要求を呑んだ」とあり、真実が不明な中での苦慮の対応であったことが窺われる。

同じ日、朝廷では大和行幸に反対する親幕派の公家たちが、宮中クーデターを起こして行幸を中止に追い込んだ上、これを推進していた三条実美(さんじょうさねとみ)ら攘夷派公家たちを、京都から追放する出来事があった(七卿落ち)。これを受けて、二十二日、在京の藩士が京都所司代に呼び出され「五條代官所へ乱暴に及んだ賊徒を取り鎮めるように」との命が下された。また、京都東町奉行からも同様の命が届いている。また奈良奉行から「京都守護職から大和郡山藩へ、天誅組なる賊徒の追討命令が下された」との情報がもたらされた。行幸が中止になり、天誅組の行動が勅命を奉じたものでないと明らかになりつつある中、高取藩は、幕府の命に従って戦の準備に取り掛かった。天誅組からは武具や米の催促があったが、黙殺している。

迎撃態勢を整える

五條村方面へ偵察に出向いていた高取藩の斥候西島源左衛門は、二十五日夜中、天誅組が重阪峠（御所市重阪）へ到着して休息を取っている様子を発見した。急ぎ報告に戻ろうとしたが、天誅組の隊士に捕えられ、高取藩兵の配置や武備などについての詰問に一切答えなかったため、殺害された。

各方面に放った斥候の情報から、天誅組が兵を揃えて城下町へ向かってくることが明確になり、高取藩は、軍学師範福田耕平の指示のもと迎撃準備を整えた。総指揮は家老中谷栄次郎が執り、剣術師範杉野楢助・槍術馬術師範浦野七兵衛・福田耕平を参謀に、二六〇人の藩士と十五歳以上の領民を徴収して各所に配する総力戦の構えであった。

主力は、西方寺（高取町下土佐）に布陣し敵にあたる一ノ側と、光明寺（高取町下土佐）に陣を置き、北方面の観覚寺村と西方面の森村のどちらから進撃されても対応できる二ノ側に分けて配置し、一ノ側、二ノ側ともに一番手と二番手が置かれた。

城下町の守備に、森村（高取町森）・鳥ケ峯（高取町観覚寺）・石川山（高取町下土佐）・西ノ辻木柵門土塁番所（高取町下土佐）・国府神社（高取町下土佐）・小嶋神社（高取町下子島）・常喜院（高取町清水谷）・舟戸橋木柵門土塁番所（高取町清水谷）・尼ケ谷（高取町清水谷）・赤阪池堤木柵番所（高取町清水谷）・大円寺小路橋（高取町上土佐）・宮ノ森前木柵門土塁番所（高取町観覚寺）の一二カ所の陣所が設けられたほか、下屋敷の警備を固め、城の各櫓・門・番所・侍屋敷などに足軽や領民を詰めさせた。大砲七門が、敵が進軍してくる森村の入口に標準を合わせて設置され、夜通し斥候が出され領内を警邏した。

天誅組を二度撃退

八月二十六日夜明け頃、市尾村天満池（高取町市尾）付近を警邏していた藩士島田勝次郎・間佐左衛門・遠山権平が、稲田の中に伏せていた天誅組の兵に突如突きかかられた。遠山権平が応戦して敵の一番首を挙げた。

この直後、一〇〇〇人を超す天誅組の軍勢が進軍してきた。その姿をいち早く発見した高取藩は、敵が森村に差し掛かった辺りで、大砲を次々と放射し、隊列が崩れたところを見計らって突撃し、わずか二時間程度でこれを敗走させた。遠山権平の一番首を含めて七人の首を挙げたほか、五〇人を生け捕りにする大勝利

高取藩が陣所をおいた鳥ヶ峯（高取町観覚寺）

であった。藩士たちは追撃せずに守備体制をさらに強化し、昼夜警邏を徹底した。

同日夜、軍監役浦野七兵衛が率いる一隊が警邏していたところ、二十数人の天誅組の一団を森村の木ノ辻（きのつじ）で発見した。この一団は一様に柴を背負っており、城下に火を放って攻め入る体制であった。浦野はすぐさま立ち向かったが、敵の総裁吉村虎太郎は味方の誤射で負傷し退いた。この一件で、村々では藩士だけでなく領民たちが各々竹槍などを用意して、自衛にあたった。

追討で褒賞を受ける

高取藩は一連の戦況を、老中と奈良奉行へ報告した。報告書には、藩内の損害は軽症者二人のみで戦死はないとしている。植村家保は、京都守護職松平容保と老中有馬道純（ありまみちずみ）、井上正直（いのうえまさなお）、板倉勝静（いたくらかつきよ）より「常々武備を心掛け家臣たちの指揮が行き届いており、抜群の働きである」との褒賞を受けた。

家保は戦に参加した者たちへ、家老から小姓格までは金二両、徒目付から補足組までは一両、郷中へは金一両二分、中間には二分の報奨金を与えた。

その後も高取藩は、天誅組の動向を注視しながら領内の警戒を厳重にし、釘抜門に大砲を据え、城下町の各入口に土塁や面番所（めんばんしょ）を設けるなどの防衛を強化した。屋敷にある紙類は火の元になるため、あらかじめ処分され、城下町に建つ納屋は燃えないように窓を閉ざし、壁に荒土を塗る処置まで施されたという。藩士たちは軍学師範福田耕平の指揮を受けて、実戦さながらの訓練を続けた。

高取藩領への乱の影響

天誅組は高取藩に撃退された後、五條村を引き払って十津川郷（吉野郡十津川村）へ退却していき、山岳地に立て籠もる様相をみせた。幕府はこれを鎮圧するため、紀州藩・津藩・彦根藩・大和郡山藩などの一一藩、約二万人を動員した。これらの追討各藩は、一〇〇〇人から二〇〇〇人の軍勢で高取藩領を通過しあるいは一泊して戦地へ向かっていった。高取城下は一層混乱し、宿所となった商家や寺院のみならず、炊き出しに駆り出された町人たちの労力は相当なものであった。

九月末、追討各藩は天誅組を鷲家村（吉野郡東吉野村）周辺に追い詰めて壊滅させたが、出動してから鎮圧までにかなりの日数を要したことと、その後も代官所を狙った討幕蜂起が相次いだことから、幕府の弱体化が一層浮き彫りになった。

争乱後の十一月、五條代官所の管轄領地七万二千石は、高取藩の預り地となった。その後、幕府が再び幕府領に戻す方針を示したところ、吉野郡・葛上郡・宇智郡・宇陀郡・高市郡の四〇五カ村から、高取藩支配の継続を願う訴えが出された。四〇五カ村の惣代は、元治元年（一八六四）一月二十四日に京都守護職松平容保へ陳情し、さらに一月二十六日には高取藩へ陳情を行った。

人々が高取藩支配の継続を願う陳情書には、これまで代官所の役人衆は貪欲で村役人や掛屋に対し贔屓をしてきた不公平な治政があったことなどが挙げられていた。その上で「高取藩の支配になってからは植村駿河守様が仁政を施し百姓の撫育してくださるので、高取藩の預り地のままにしてもらいたい」と要望をするものであった。

しかし、これは聞き入れられず、一月二十八日に幕府直轄へ戻すことが決定された。高取藩では領民の声に耳を傾けつつも、命に従って新代官中村勘兵衛(なかむらかんべえ)へ預り地を引き渡した。

3 学風と藩校

庶民の学問として講釈や道話などで精神修養を説く石門心学が広まった。
一方、高取藩は藩校を開設し、
谷三山の門弟たちが教授に就くなど学問向上の礎が築かれていく。

石門心学の普及

天明年間（一七八一～一七八九）から、高取藩領や大和国では、農民や商人を学びの対象とした石門心学が浸透した。石門心学は、丹波国桑田郡東懸村（京都府亀岡市）の百姓石田梅岩が説いた庶民のための道徳学問である。

梅岩は、京都の商家に奉公しながら学び、黄檗宗の禅者小栗了雲の教えを受けた。そして「人間の心は天地自然と一体であり正直で素直なもので、それを生かすことが人の道に適う」という境地に達し、講舎を開くと、忠孝・正直・知足安分★・勤勉・倹約など、分かりやすい言葉で人の道を説いた。また、農工商の人々が道に従って利益を得るのは正当なことであるとした商業の社会的意義や、武士・百姓・職人・商人はすべて人間として平等の価値があることを主張したことか

石田梅岩の講舎跡付近を示す碑（京都市中京区）

▼知足安分
「足るを知り分に安んず」。自分の境遇に満足すること。

ら、梅岩の教えは京都の商家の間に広く受け入れられた。

その後、梅岩の弟子である手島堵庵、斎藤全門らが、これを大きく発展させた。堵庵は、享保三年（一七一八）に京都の商家に生まれ、十八歳で石田梅岩に師事した。梅岩の没後は、京都に修正舎、時習舎、明倫舎などの学舎を次々と創立し、生涯を石門心学の普及に捧げた。梅岩の思想は封建社会批判を含むものであったが、堵庵はそれをなくし、もっぱら精神修養の教えとした。教化の方法は、一般庶民に親しみやすい講釈・道話・会輔★・道歌・子守歌・印施★などで、学問の素地のなかった女性や子供の間にも広まっていった。

大和国では、天明元年頃から堵庵が教化をしてまわったことにより爆発的に広まった。高取藩領にあたる高市郡には、八木村（橿原市八木町）、石川村（橿原市）の二カ所に講学舎が開かれ近隣から農民、町人が集った。

石川村の学舎は正誠舎といい、堵庵の弟子であった石川村の山田作次郎が開いたもので、山田の門人に老農中村直三がいる。

大和全体でみると高市郡以外の講学舎は、添上郡奈良町（奈良市）・同郡西九条村（奈良市）・添下郡郡山町（大和郡山市）・葛上郡戸毛村（御所市）・宇陀郡宇太（宇陀市）・山辺郡横広村（天理市）・同郡中村（天理市）にあり、吉野郡以外の広範囲に普及していたようだ。

石門心学は、堵庵の弟子中澤道二が江戸で広めたことから、武家の間にも浸透

▼会輔
勉強会。

▼印施
印刷物の配布。

した。老中松平定信の信頼を得た道二は、江戸石川島の人足寄場★に集められた無宿★に教え、これが彼らの社会更生の一環となった。石門心学は全国に広まっていき、寛政年間（一七八九～一八〇一）には、普及した国数は四〇カ国、学舎の数は八〇舎を超えた。

寺子屋教育

庶民のための教育機関である寺子屋は、地域の寺院で行われることが多かったが、一八〇〇年以降に庶民の教育がさかんになると、豪商・豪農・下級武士・浪人などが自宅で開業するようになっていった。

文政七年（一八二四）から明治四年（一八七一）の間に、高市郡に存在した寺子屋は二四校であった。高取藩は、寺子屋は誰でも自由に開いてよいとして一切干渉をせず、藩校設立後も、藩校で学んだ余暇に寺子屋や個人の家塾に入学することも自由であるとした。

藩校明倫館の設立と組織

高取藩の藩校としては講文所が設立されていたが、一層の人材育成と文武奨励

▼人足寄場
寛政二年（一七九〇）、火付盗賊改役の長谷川平蔵の提案で、松平定信が、隅田川河口の中洲である石川島に設けた社会更生施設。

▼無宿
宗門人別改帳から外された者で、家出人や飢饉等で離村し江戸へ流入した無罪の者など。

を図るため、明治三年（一八七〇）、明倫館と改称して新しく開校された。督学★（一人・年給十石）・学監★（一人・年給七石）・教授（二人・年給六石）・助教（一人・年給三石）・句読師★（七人・年給二石）・司事★（二人・年給二石）、仕丁★、出納司★、弁事★、門衛などがおかれ、概ね一八人前後が職員として勤めた。

教授には、谷三山の弟子であった上田淇亭が、助教に下河辺昌俊が就任した。下河辺昌俊は藩医で、のちに版籍奉還★の建白をし大属として最後の藩政を執った人物である。

入学できるのは藩士とその子弟だけでなく、武士階級でない者や藩外にも開放されており、生徒数は寄宿生二〇人、通学生一三〇人であった。

束修についての決まりはなかったが、入学者は物品や金銭を孔子の聖像に献じ、武術の師に対しては各々が師へ納めた。藩からは、藩校運営の経費として年に二百石が充てられた。

教科書は、四書五経★・文選★・唐詩選★・十八史略・元明史略★・資治通鑑綱目★・蒙求★・春秋左氏伝★・史記などが使われ、入学は八歳からとし、最初は四書五経、文選・唐詩選から素読を始め、これを終えると十八史略の講義を聴聞することができ研究や議論に参加できた。藩主は毎月決まった日に臨校し、講義を聴聞した。

学科は漢学・兵学・弓・馬・剣・槍・砲術などがあり、藩士とその子弟は、比

▼督学
学事を監督する役。

▼学監
学務を採り、学生を監督する役。

▼句読師
文章の読み、漢学の素読を行う役。

▼司事
学校を管理し学生を監督する役。

▼仕丁
炊事をする役。

▼出納司
会計を行う役。

▼弁事
事務・雑務を取り扱う役。

▼版籍奉還
「版」は領地、「籍」は戸籍（領民）の意味で、藩の領地・領民を朝廷へ返上する。

▼四書五経
儒教の基本書で「大学」「中庸」「論語」「孟子」の四書と「易経」「詩経」「書経」「礼記」「春秋」の経書。

率は決まっていないが文と武の両方を必ず学ぶことになっていた。試験はなかったが、勉励した者には年末に金一封が与えられ、反対に怠惰な者には藩法に照らして処分されることになっていた。

明倫館略記にみる学風

明倫館の教えは、礼儀・恭敬遜譲・質素勤勉・難苦にかつ人材の育成の四点に主眼が置かれた。

理念と規則が記された「明倫館略記」には「学問の要は、倫理を明らかにするにあり、倫理明らかにせざれば人たるを得ず」との言葉がまず示され「願わくは諸賢、風夜心に置き、ともに切磋琢磨し徳を崇まい業を広めよ。入りて即ち孝子順孫のため、出でて即ち忠臣良吏のため、以て国家覆燾★の厚徳に報い、藩校を設ける公の意に沿い勉めよ、勉めよ。」と、学問に励む意義を述べ鼓舞をしている。

規則は、主に次の内容となっている。

一、士卒ともに長幼をもって序とし、館に入る者は恭敬遜譲を心掛け、館内はもちろん、出入りの途中といえども喧嘩格闘しないこと。

一、初めて入学する者は、前日に父兄から学監へ届け、その指図を受けること。

▼文選
宗周から梁までの約千年間の詩文集。

▼唐詩選
唐の詩人一二八人の詩集。荻生徂徠らが推奨して広まった。

▼元明史略
高松藩の儒者後藤芝山（世鈞）が『古今全史』を補訂した書。

▼資治通鑑綱目
南宋の朱熹が編纂したとされる史書。

▼蒙求
唐の李瀚が編纂した故事集で、児童用の教科書として使われた。

▼春秋左氏伝
中国の春秋時代の歴史書『春秋』の注釈書で、左丘明が書いたといわれる。

▼国家覆燾
国をあまねく覆い照らす。

一、授業に入る者は、まず学監の詰所で一礼し、督学および教授助教を拝し、句読師以下一同に挨拶をした後、袱をひらき書物を載せて読むこと。館を出る時は、まず督学及び教授助教を拝し、句読師以下一同に挨拶をした後、学監の詰所で一礼して退出すること。

一、平日、館中において酒を飲み菓を食べないこと。

一、午飯饋食★の外、朝夕に茶澆★を用い、魚肉などの買食は堅く禁止する。

一、鄙俚★な語言は、堅く禁止する。

一、素読は、毎朝卯刻（午前六時）より辰刻（午前八時）までとする。但し、一と六の付く日は除く。

一、質問は、毎朝辰刻（午前八時）より巳刻（午前十時）までとする。但し、一と六の付く日は除く。

一、講釈は、二と七の付く日の、未刻（午後二時）より申刻（午後四時）までとする。

一、輪読は、四と九の付く日の、未刻（午後二時）より申刻（午後四時）までとする。

一、一と六の付く日は休日とする。この日、塾生は卯刻（午前六時）より酉刻（午後六時）まで外出を許す。これ以外の日に他行する時は、前日に父兄親族より書類を学監に差出して許しを得ること。

▼午飯饋食
昼の食事。

▼茶澆
お茶。

▼鄙俚
田舎じみて卑しいこと。

一、館府の蔵書を借読したい者は、学監に申し出ること。館内で繙閲（はんえつ）★することを許すが、持ち去ることは堅く禁止する。

一、毎年歳末に、督学・学監・教授などが立ち会い、生徒の勤惰（きんだ）を検査し、これを総裁局へ達し、賞罰を行うこと。

一、毎日、句読師二人、司事一人、仕丁一人が交番宿直（とのい）すること。

一、館の役員、督学、学監、教授以外の者の諸願、諸伺、諸届は学監、弁事へ出すこと。

一、非常の失火の節は、まず館へ駆けつけ防禦の術を尽くし、鎮火の後、姓名を録し学監より弁事に差し出すこと。

一、毎朝、仕丁は寅刻（とら）（午前四時）に起き朝飯を炊くこと。生徒は寅ノ半刻（午前五時）に起きて館内を掃除すべし。

一、謁者伝達（えっしゃでんたつ）★、賓客応接は在塾生徒の職たるべし。

一、司事は館内の事務を日記し、生徒の勤惰を調査し学監に達すること。

一、出納司は、米塩菜醤および諸物品の出納を行うこと。

一、督学・教授・助教は一と六の付く日以外は、毎朝辰刻（午前八時）に出席し、午刻（うま）（午前十二時）前に退出すること。

一、藩領地内の農工商人や他領地の者が、館の講義に出席あるいは入学したい場合、学監に申し出て指図を受けること。

▼繙閲
書物を読み調べること。

▼謁者伝達
訪ねてきた人を取り次ぐこと。

明治後の学校の設立

明治五年（一八七二）に明倫館は廃校になり、明治政府から学制が発布されて近代的な学校制度が定められ、全国で学区を設けて大学校、中学校、小学校が設置されることになった。それを受けて旧高取藩では、明治六年から七年にかけて、寺院の建物を借用するなどして小学校が設立されていき、明倫館時代の教授や谷三山の門下生、失業した士族などが指導にあたった。

新しく誕生した小学校は、温故舎（上子島村）・開明舎（土佐村）・教童舎（観覚寺村）・成教舎（市尾村）・格物舎（丹生谷村）など、高市郡全体で三十五校が設立された。

温故舎は別所廓内にあり、藩士の子弟が通っていたが、明治八年に廃校となり開明舎へ統合された。しかし、郭内に住む生徒の通学が不便なため、二の門内に分校が設けられた（明治十三年に分校廃止）。開明舎は、土佐町・土佐村・阿部山村・大根田村・清水谷村・下子島村（高取町）に住む生徒一六〇人が集まって高取で最大規模の学校になった。温故舎と合併した後、明治九年に土佐小学校に改称した。成教舎は、薩摩尋常高等小学校となり、明治三十三年（一九〇〇）、育成尋常高等小学校と改称された。現在、高取町にある小学校は、高取町立たかむち

明治８年　高市郡公学校一覧

校名	学校長名	教員数	生徒数		所在村名	現在の市町村名
			男	女		
温故舎	橋本瑞高	1	29	14	上子島村	高取町
開明舎	〃	2	115	45	土佐村	
教童舎	〃	3	88	53	観覚寺村	
成教舎	米田惣四郎	3	83	53	市尾村	
格物舎	〃	1	22	20	丹生谷村	
盛徳館	勝川雄太郎	2	31	27	畑村	明日香村
積徳舎	〃	1	37	31	稲淵村	
勧善舎	〃	1	32	16	祝戸村	
明敦舎	喜多八郎	1	46	30	飛鳥村	
徳盛舎	〃	1	24	20	豊浦村	
誠意館	勝川雄太郎	1	41	23	川原村	
訓蒙舎	橋本瑞高	1	40	15	平田村	
勧善舎	〃	1	32	13	桧前村	
知新舎	勝川雄太郎	1	28	17	岡村	
誘善舎	橋本瑞高	2	55	27	見瀬村	橿原市
鳥谷舎	斎藤玄蔵	2	51	27	鳥屋村	
拡道舎	〃	2	43	12	御坊村	
始醒舎	喜多八郎	1	32	8	飛騨村	
期成舎	斎藤玄蔵	1	28	8	洞村	
培根舎	喜多八郎	2	47	32	高殿村	
誠明舎	〃	3	74	52	小房村	
培擁舎	河合又次郎	3	81	90	八木村	
文明舎	上田新一郎	3	71	49	今井町	
愛育館	大森晴作	1	51	21	曽我村	
信道館	上田新一郎	1	25	16	小綱村	
学正舎	〃	1	25	19	土橋村	
育英館	大森晴作	1	31	15	曲川村	
明倫舎	〃	1	15	6	雲梯村	
誠之舎	〃	1	23	9	新堂村	
広道舎	〃	1	18	15	東坊城村	
博文舎	〃	1	37	8	河西村	
奨徳舎	〃	1	35	15	常門村	
教童舎	潮田藤内	1	36	16	観音寺村	
敏明舎	藤井文馬	1	39	21	奥田村	大和高田市
隆文舎	〃	1	20	12	根成柿村	

『奈良県教育百二十年史』を参考に作成

小学校のみであるが、その歴史を辿れば藩校へ繋がる。

高取町の教育理念は、明倫館の教えを受け継ぐ「知・徳・体」の調和のとれた自律できる人づくりを目指したもので、「家庭で育てる・学校で鍛える・地域で磨く」を三本の柱に、将来を担う人材の育成に力を注いでいる。

◆4 明治維新と廃藩

新政府に恭順した高取藩は、
幕府領の取り締まりや奈良県の治安維持に尽力した。
慶応四年に十四代藩主となった植村家壺のもと版籍奉還、廃藩置県を迎える。

徳川幕府の終焉と京都警備

慶応三年（一八六七）十月、将軍徳川慶喜（とくがわよしのぶ）は大政奉還を願い出て、十五日に勅許が下りると、約二百六十年間にわたって執り続けてきた政権を朝廷へ返上した。十二月九日に王政復古が宣言され、それに伴い家保は、大和国諸藩とともに新政府へ恭順した。十四日に藩士は京都市中の巡邏（じゅんら）を命じられ、慶応四年一月三日、鳥羽伏見の戦いが勃発すると御所で宜秋門（ぎしゅうもん）★の警衛に就いた。同年二月二十二日には、三十日に明治天皇へ謁見するイギリス・フランス・オランダの公使護衛役を命じられた。高取藩が担当した護衛公使は不明だが、当日、イギリス公使パークスは、御所へ向かう途上、明治政府の外交方針に反対する攘夷志士によって襲撃される事件が起きている（イギリス公使の謁見は三月三日に延期された）。

▼宜秋門
御所の門のひとつで、西面中央に位置し皇族や公家が出入りした。

高野山義挙への応援出兵

王政復古の大号令と前後して、公家鷲尾隆聚★が勅命を奉じて高野山で挙兵した。紀州藩を牽制し、大和国の諸藩を新政府へ恭順させるためで、水戸藩出身の香川敬三★、土佐藩出身の田中光顕★ら陸援隊★、十津川郷士、天誅組の生き残りの河内郷士など約三百人が集結した。

十二月十七日、鷲尾隆聚から高取藩と五條代官所へ、朝命に背く奸賊がいれば征伐するようにとの申し入れがあり、高取藩家老中谷栄次郎・林伝八郎・内藤伊織が請書を出している。

高取行幸の備えと治安維持

慶応四年（一八六八）一月三日、新政府軍と旧幕府軍による鳥羽伏見の戦いが勃発すると、高取藩は岩倉具視から「万一の時には天皇が高取城へ行幸されるから、お迎えの準備をしておくように」命じられた。新政府は、京都で敗れることがあれば、大和国へ移り高取城を拠り所にする考えであったようだ。しかし、徳川慶喜をはじめ旧幕府の首脳部が大坂城から江戸へ海路逃走し、旧幕府軍が敗れ

▼鷲尾隆聚
一八四三〜一九一二。公家。明治新政府で参与となり、戊辰戦争では奥羽追討総督、東征大総督府参謀。陸軍少将をへて五條県知事、元老院議員を務めた。

▼香川敬三
一八三九〜一九一五。戊辰戦争で東山道軍大軍監を務める。明治政府では皇后宮大夫など宮内庁の職を歴任した。

▼田中光顕
一八四三〜一九三九。土佐藩出身。幕長戦争などで活躍し陸援隊の幹部となる。岩倉使節団に加わり欧州を視察した。内閣書記官長、警視総監などをへて宮内大臣を務める。

▼陸援隊
慶応三年（一八六七）、中岡慎太郎を隊長として発足した浪士隊。中岡の死後は、田中光顕が指導し、翌年、御親兵に編入された。

たことで、高取行幸は実現されずに終わった。

大和国内は、大坂から敗走する旧幕府兵が多く流れ込んでおり、不穏な状況になった。その取締りのため、京都警備中の高取藩士に帰国が命じられ、藩内は慌ただしさを増した。

旧幕府兵の多くは大和国から伊賀国、伊勢国を通って江戸方面へ退却していったが、大和国での有事を懸念した新政府は、大和国内の旧幕府領を平定するため、一月十六日に公家烏丸光徳を奈良へ派遣した。烏丸は、奈良奉行の小俣景徳を崇徳寺に軟禁すると、興福寺に奈良奉行所の事務代行を命じ、宇智郡へ向かい五條代官所支配の幕府領を接収した。これに伴い高取藩は太政官府より、接収した幕府領の取締方を芝村藩主織田長易とともに命じられた。

一月二十一日、奈良奉行に代わって、行政・司法を行う民政機関である大和鎮台が興福寺摩尼珠院に置かれた。これは翌月に旧奈良奉行所へ場所を移し、名称も大和鎮撫総督府と変え総督に参与の久我通久が就任した。大和鎮撫総督府は大和国内の取締りに尽力した十津川郷へ援助金一五〇〇両を出し、旧奈良奉行所が保管していた籾米五百石を奈良の窮民に分けるなどして、民の慰撫に努めた。五月には大和鎮撫総督府を改めて、旧幕府領・旗本領・寺社領を統治する奈良県★が置かれ、春日仲襄★（潜庵）が初代知事に就任した。

▼奈良県
慶応四年（一八六八）七月二十九日に奈良府と改称し、明治二年七月に再度、奈良県となる。明治四年七月の廃藩置県により、大和国内に十五の県が成立したのち、同年十一月に大和一円を統一する奈良県が設置された。明治九年に堺県に合併され、明治十四年に堺県が大阪府に合併されたことで旧奈良県も大阪府となる。その後、奈良県再設置運動が起こり、明治二十年、大阪府から独立して現在の奈良県が誕生した。

▼春日仲襄
一八一一〜一八七八。久我家諸大夫春日仲恭の子。安政の大獄で捕えられ永押込の処分を受け、文久二年（一八六二）に赦された。奈良県知事を務めたのち、晩年は子弟の教育に従事した。

藩の廃止と高取県の成立

新政府における統治が進む中、高取藩は、藩領地や奈良県の治安維持に務め、多忙を極めた家保は、三月に病に臥し隠居願いを出した。家保の次の藩主には、播磨国山崎藩主本多忠鄰の六男が迎えられた。慶応四年（一八六八）閏四月、高取藩十四代にして最後の藩主となった植村家壺である。

明治元年（一八六八）十月、明治政府から藩治職制が公布され、これまで藩によって異なっていた職制が、藩主・執政・参政・公儀人などに統一された。中央集権化を図るための一環で、高取藩でも藩職制が一新された。

執政は、藩主を補佐し藩の政務全般を取り仕切るもので、元家老の内藤伊織・棚橋伊左衛門・林伝八郎・中谷栄次郎・多羅尾儀八が就いた。庶務を司る参政には、富永主馬・田原十兵衛・寺田織衛・草川太忠・脇坂四郎兵衛・寺尾五助・横小路弥門・村田丈四郎・瀬尾只四郎が就いた。

明治二年五月、五稜郭の戦い★を最後に戊辰戦争が終結すると、六月、薩長土肥を主体に版籍奉還が行われた。高取藩では、藩医下河辺昌俊が執政へ版籍奉還・士族の家禄返上の建白をしたことから、いち早く版籍奉還を願い出た。藩主家壺は高取藩知事となり華族（子爵）に列し、武士身分は士族、下級武士や足軽身分

▼**五稜郭の戦い**
戊辰戦争の最後の戦争。明治元年、箱館で共和政府樹立を構想した榎本武揚ら旧幕府軍が五稜郭に立て籠もり新政府軍と戦ったが、翌年に投降し一連の戦争は終結した。

▼**十五県**
奈良県（旧幕府領・旗本領地など）・五條県（旧五條代官所管轄領地／宇智郡・宇陀郡・吉野郡）・郡山県（旧郡山藩）・高取県（旧高取藩）・小泉県（旧小泉藩）・田原本県（旧田原本藩）・芝村県（旧芝村藩）・柳本県（旧柳本藩）・櫛羅県（旧櫛羅藩）・柳生県（旧柳生藩）・和歌山県（高野山寺領・旧紀州藩飛領地）・久居県（旧伊勢国久居藩飛領地）・津県（旧伊勢国津藩飛領地）・壬生県（旧下野国壬生藩飛領地）・大多喜県（旧上総国大多喜藩飛領地）

は卒族、農工商身分は平民と定められた。

職制は再び一新され、大参事（だいさんじ）・権大参事（ごんのだいさんじ）・小参事（しょうさんじ）・権小参事（ごんのしょうさんじ）・大属（だいぞく）・権大属（ごんのだいぞく）・小属（しょうぞく）・権小属（ごんのしょうぞく）と改められた。この年の藩支出は、表のようになっている。

明治四年七月、廃藩置県が行われ、藩が領地を治める制度を解体し、明治政府が全国を直接支配する中央集権国家が成立した。大和国には、先に成立していた奈良県を含めて十五県★が成立した。高取藩は高取県となり、家壺は藩知事を罷免の上、東京在住を命じられた。旧藩主の領地支配と、主家に忠誠・奉公を尽くし俸禄をもらっていた武士という封建制度の廃止であり、家壺から藩士へ「今後は朝旨を奉体し心得違いのないよう励精するように」との言葉が下され、酒肴料として金五〇〇疋ずつが配られた。

高取県は、大参事村田丈四郎を中心に政務が執り行われたが、五カ月後の十一月二十二日、大和国の十県（奈良県・五條県・郡山県・高取県・小泉県・田原本県・芝村県・柳本県（やなぎもとけん）・櫛羅県（くじらけん）・柳生県（やぎゅうけん））とともに奈良県に統合された。

明治２年　高取藩支出内訳

項目	石
知事家禄	1,188
士卒給禄	4,833
士卒役給	650
公廟・文武学校経費、城郭・京邸営繕費	1,500
軍事費、旅行手当など	1,000
道路・橋・堤防修繕費	800
窮民扶助手当	800
藩債費	900
養老、月抱雑卒扶持米	214
合計	11,885

単位：石／『高取町史』を参考に作成

明治期の士族と植村家

秩禄奉還後、士族は綿栽培や製薬、売薬業へ転向した。
植村家保、家壺は高取で晩年を過ごし、植村家は現代まで続く。
廃城となった高取城は、櫓や門が現存し、往年の威風を今に伝える。

転業と大和木綿

明治六年（一八七三）、秩禄奉還の法が発布されて、士族に金禄公債を与えて禄を返上させる政策がとられると、旧高取藩の士族三三四人が家禄奉還を願い出て、その多くは、主に大和絣（やまとがすり）の織匠（しょくしょう）や製薬・売薬業に転向した。

大和国一帯で盛んに行われていた綿栽培は、江戸時代から、田で稲作と綿作を交互に行う田方綿作（たかたわたさく）と呼ばれる方法で多く生産され、大和木綿の名で知られてきた。田方綿作が広く取り入れられたのは、大和平野に河川が少なく水不足に悩まされてきたことによる。稲作をすべての田で一斉に行うと大量の水を必要とするため、綿栽培と稲作を交互に行うことで水の節約をしてきた。

綿栽培とともに綿加工が発展し、宝暦年間（一七五一〜一七六四）には、葛上（かつじょう）

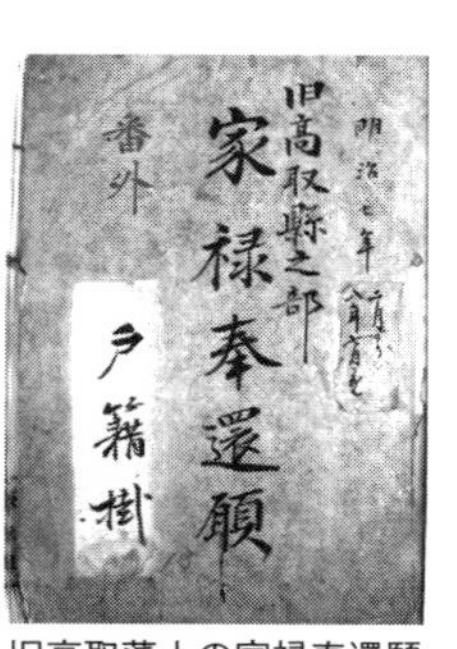
旧高取県之部
家禄奉還願
番外
戸籍掛

旧高取藩士の家禄奉還願
（奈良県立図書情報館蔵）

郡御所町（御所市）の浅田松堂★が、伊勢国松坂で絣の技術を学び大和国に広めた。これが契機になって大和国で綿織物がさかんになり、天然の藍で染めた正紺と白を基調とした幾何学模様が特徴の大和絣は全国に広まった。

旧高取藩領でも広く生産され、士族たちの多くは木綿織業へ転向した。明治十年代には、土佐村だけで三〇〇〇反もの絣を生産していたとされ、領内の村々の女性のほとんどが紡織に従事した。技術を習得して家内工業でできる大和木綿の生産は、士族たちにとって失敗のない生業となった。

しかし明治十二年頃から、尺幅が不足している製品や、不正な染料を使って天然の藍染めに模した製品が市場に出回り始め、大和木綿の信用は暴落した。

明治十六年（一八八三）、大和木綿の品質管理と市場

明治16年　大和飛白共進会出品点数、出品人数及び受賞者

郡名	出品点数	出品人数	受賞者の等級			
			一等	二等	三等	褒状
高市郡	571	243	2	5	24	67
葛上郡	196	73		1	5	24
十市郡	62	24		1		8
葛下郡	48	23				4
忍海郡	11	5		1		
添上郡	7	7				1
式上郡	7	3				
式下郡	4	3		1	2	
山辺郡	4	3				1
広瀬郡	2	2			1	
平群郡	2	2				
合計	914	388	2	9	32	105

『大和木綿仝組合沿革史』を参考に作成

▼**浅田松堂**
一七一一～一七七七。材木の中継問屋。大和絣を考案したほか、能筆家で「松竹梅三堂」といわれた大和の三筆のひとりに挙げられる。

の信用回復を目指して大和木綿同業組合が設立された。しかし、粗悪品を製造して利益を重視する業者からの抵抗や、組合の経費を納めない業者が多発したことから、組合の運営はうまくいかなかった。その状況でも上質な大和木綿を製造する業者は、大和飛白（木綿）共進会に出品し、高市郡が最も多い出品点数、出品人数、受賞者を誇った。

翌年、組合では品質管理を徹底するために基準を設けて検査を行い、合格した製品にのみ組合の証紙を付けて販売する方法を採ったが、これも反対業者によって有名無実となり、粗悪品の流通は相変わらず続いて、真っ当な業者や組合の頭を悩ませた。

明治二十七年、これまでの組合を再組織して大和木綿業組合が作られた。数十年にわたって横行してきた粗悪品を放逐することは困難と考えた組合は、検査員を派遣して規約に反する製品を押収し、告訴する手段に出たのである。この頃には、尾州木綿が急速に進

大和木綿の生産高と代価の推移

年	生産高（反）	代価（円）
明治19年（1886）	1,398,535	343,267
明治20年（1887）	2,791,787	530,658
明治21年（1888）	3,821,458	911,994
明治22年（1889）	3,949,417	1,085,533
明治23年（1890）	4,799,149	1,561,445
明治24年（1891）	3,435,012	1,042,076
明治25年（1892）	2,999,397	1,006,984
明治26年（1893）	3,778,571	1,117,567
明治27年（1894）	2,982,296	1,045,517
明治28年（1895）	9,049,805	2,630,271
明治29年（1896）	8,203,049	2,546,193

『大和木綿仝組合沿革史』を参考に作成

歩して市場を席巻し始めており、粗悪品を生産してきた大和木綿業者も、自分たちの製品の衰退を認めざるを得ない状況になっていた。

明治二十八年六月から翌年十一月までの規約違反者は、拘留された者が七二人、違約金を支払った者が四八名にのぼった。こうした努力の結果、徐々に意識改善がなされていき、大和木綿の品質は改善された。市場の信用を回復して久留米絣や薩摩絣などの他地域の製品を圧倒し、一時は「西の大和絣、東の中野絣(館林絣)」と謳われ、莫大な人気を博するまでになった。

明治二十九年の生産高は、それまでの約三倍になり、明治三十年に開催された第六回関西連合府県共進会では、高市郡をトップに総出品点数は一四二七点、総出品人数は四〇五人にのぼった。

しかし、明治時代末期になって全国的に綿織物が機械化され大量生産されていくと、手織りの大和木綿は後継者不足となり、着物の需要が減少してきたこともあって衰退を余儀なくされていった。

売薬業への参入

士族たちは、紡績業だけでなく売薬業にも参入した。売薬を廃業する者から配置売薬販売権利を購入して商売に乗り出す者、農業をしながら農閑期に行商に出向く売子などが増加した。

明治二十年（一八八七）、高取を中心に貫誠社（かんせいしゃ）という売薬製造業者の組合が作られ、藤井村・松山村・清水谷村・土佐町・下子島村・上子島村・田井庄村・車木村（くるまきむら）（高取町）、檜前村（ひのくまむら）（明日香村）、下淵村（しもぶちむら）（吉野郡大淀町）から四〇人余りが参加して全国に販路を拡大していった。販売地域は、畿内から北九州にわたる西日本地域に重点が置かれたようだ。明治二十七年、大和売薬株式会社設立免許御願が政府へ出され、製薬・売薬業はさらに発展をした。明治の終わり頃に衰退していった大和絣の製造に代わって、売薬業へ転向した人が多かったこともあって、大和薬は奈良県の一大産業となった。

明治四十四年（一九一一）には、高市郡、北葛城郡、南葛城郡の売薬製造業者と売薬請売業者を包括する大和売薬同業組合が結成された。

取決めは、主に次の通りである。

一、製造薬品の粗製濫造（そせいらんぞう）ならびに濫売（らんばい）を矯正し、原料及び製剤の検査を行うこと

一、他府県の売薬同業組合と気脈を通じ、連合会を組織すること

一、業務上の利害損失に関する事項を調査すること

一、業務上に関して官庁公署または法律をもって組織したる議会に請願もしくは建議をなし、諮問あるときは答申をなすこと

一、海外諸国に売薬の輸出を奨励し、販路の拡張を図ること
一、標章の専有登録を受け、組合員の販売する商品を保護すること
一、組合員において使役する行商人、雇い人ならびに組合員の製品を販売する行商人の風儀を矯正し、信用を保全し知識を増進すること
一、営業上の不正の行為者を処分すること
一、大和売薬の改良発達で有益と認められる事業の保護奨励をなすこと
一、内外有名の売薬を蒐集し、模範品として組合員の研究資料に供すること
一、業務上の統計を整備し、組合員の参考に供すること
一、業務上に関し紛争を生じたる時は、仲裁もしくは調停をなすこと

こうしたことから、配置薬の行商人に薬学の知識と商業道徳を教育する奈良県薬学校が昭和五年（一九三〇）に設立され、昭和十九年まで続いた。海外諸国への輸出に関しては、昭和初期に大和売薬東亜輸出組合が設立され、その素地が作られていった。

現在、高取町を中心に大和の中南部地域には、池尻製薬（いけじりせいやく）、大峰堂薬品工業（おおみねどうやくひんこうぎょう）、川田製薬、共立薬品工業（きょうりつやくひんこうぎょう）、米田薬品工業（こめだやくひんこうぎょう）、太陽堂製薬（たいようどうせいやく）、佐藤薬品工業など、六〇社を超える医薬品製造業者がある。このような製薬業の発展に伴い、袋や包装紙などを印刷する印刷業が隆盛してきたことも、町の発展に大きく寄与してきた。

植村家保の晩年

慶応四年（一八六八）三月に隠居した十三代藩主植村家保は、明治四年（一八七一）、高取へ戻った。

家保は、正五位に叙せられ、明治政府が設置した教部省（旧神祇省・明治十年以後は内務省社寺局）の教導職★の権少教正に任命された。教導職は、教正、講義、訓導からなる十四階級に分けられており、有力神官、僧侶、旧大名家などの識者が任に就き「敬神愛国の旨を体すべき事」「天理人道を明らかにすべき事」「皇上を奉戴し、朝旨を遵守せしむ事」の三条を教則として国民教化に務めるものであった。明治十七年（一八八四）に廃止されるまで務め、その後は大和神社★の宮司を務めた。

高取で学校が整備されていき、明治二十一年に土佐小学校に裁縫場を設立することになると、家保は裁縫場建設費を寄付し、明治政府賞勲局から褒状を下賜された。

明治二十二年八月十八日、奈良県吉野郡が暴風雨に襲われた。三日間降り続いた豪雨により十津川村では大規模な山崩れや川の氾濫が何カ所も起き、村の四分の一にあたる六一〇戸が倒壊あるいは流され、死者は一六八人にもなった。十津

▼教導職
国民教化のために設けられた職で、大教正・権大教正・中教正・権中教正・少教正・権少教正・大講義・権大講義・中講義・権中講義・少講義・権少講義・訓導・権訓導の十四階級がある。

▼大和神社
天理市にある神社。祭神は日本大国魂大神。寛平九年（八九七）、正一位の神階を受け伊勢神宮に次ぐ規模を誇った。境内の祖霊社に昭和二十年（一九四五）に沖縄南方で轟沈した戦艦大和の殉死者二七三六柱の御霊が祀られている。

川村は江戸時代を通じて幕府領で、文久三年（一八六三）から一時的に高取藩が預かった地であった。この時も家保は、被災者の救援のために多額の寄付をし、賞勲局から褒状を下賜されている。

住民の受けた被害は大きく、明治政府は、十津川村の復興は難しく別の場所へ移住するしかないとの判断をし、村民の北海道移住が進められた。苦渋の決断のもと、同年十月に二四八九名（六〇〇戸）が、翌年七月には一七八名（四〇戸）が北海道樺戸郡徳富（かばとぐんとっぷ）へ移住した。入植地は新十津川村（樺戸郡新十津川町）と命名され、人々は苦労をしながら原野を開拓していった。

家保は、明治二十八年に正四位を贈られ、翌二十九年十月八日、病のため六十歳で死去した。

高取町と生きる植村家

植村家保の養嗣子となり慶応四年（一八六八）に家督を継いだ十四代植村家壺（いえひろ）は高取藩知事を務め、明治四年の廃藩置県により高取県が成立すると藩知事を免職となり東京貫属（東京府に属する）となった。しかしその後豊後国岡藩（ぶんごのくにおかはん）★の藩主だった中川久成（なかがわひさなり）の保佐人★となったことから、家財を傾けることになった。

中川久成は、他人の保証人になることがたびたびあったほか、蓬莱社（ほうらいしゃ）に出資し

▼岡藩
大分県竹田市にあった藩。

▼保佐人
判断力が不十分な人（被保佐人）の権利や財産を守るために、代わりに物事を判断するなど被保佐人の行為をサポートする人。

ていた。蓬萊社とは、旧土佐藩士後藤象二郎★が鴻池家などの大阪商人と旧大名家の出資で設立した商事会社である。明治六年から製糖業や製紙業を始めたが、翌年には資金難に陥り、わずか三年で倒産した。

　これに関わっていた中川家は負債を抱え、明治十年、植村家壺が保佐人となり、華族会館★から職員が派遣されて中川家の家財の整理にあたった。しかし家壺自身も経営に疎く、明治十三年の時点で一万七一二〇円の負債を抱えることになってしまった。

　明治二十年から二十二年頃、家壺は高取へ戻った。莫大な負債は、家保の家扶★を務めていた元高取藩士の駒井渚が、家壺の財産を整理し負債償却を成し遂げたとされる。しかし、駒井は家壺の家財整理を行う際、家保に「植村家の財産を守るため」と嘯いて、家保名義の土地や屋敷を自分の名義に書き替えて財産を乗っ取った上、家保、家壺らにぞんざいな仕打ちをしたという（『福岡日日新聞・明治二十七年一月二十五日〜二月一日』）。その後、家壺は、主家に心を寄せる旧家臣たちや、旧広島藩主浅野長勲の支援を受けて家政を立て直した。

　家壺の嫡男家治は、貴族院議員を二十年にわたって務めた。その間、高取城の石垣が、豊臣秀長時代の縄張りのままで残っていることに着目し、その歴史的価値を重要視して保存調査を訴えた。昭和十一年（一九三六）に刊行された『王事盡忠の名蹟大和高取城研究』（吐田勝義著）の監修も行っている。昭和三十三年

▼**後藤象二郎**
一八三八〜一八九七。土佐藩士。明治新政府で参議になるが、明治六年（一八七三）、西郷隆盛らと下野し愛国公党で民撰議院設立建白に参画した。蓬萊社の設立、自由党の結成などをするが政府に懐柔され黒田内閣、松方内閣で逓信大臣を、伊藤内閣で農商務大臣を歴任した。

▼**華族会館**
華族の親睦団体として、明治七年（一八七四）に発足。昭和二十二年（一九四七）、華族制度の廃止により霞会館と改称された。現在、約六百五十家が加入している。

▼**家扶**
華族の家で、家務の会計に携わる人。

植村家の長屋門。元家老の住宅で文政９年の建築。奈良県指定文化財（高取町下子島）

（一九五八）、高取町長に就任して同三十六年まで旧領地の政務を執り、同三十七年に七十六歳で没した。

家治の跡を継いだ三男家忠（いえただ）は、奈良県議会議員を務め、平成二十年（二〇〇八）から令和二年（二〇二〇）まで高取町長を務めた。

廃城となった高取城

明治六年（一八七三）、廃城令★が出され大和国のすべての城と陣屋が取り壊されることになり、約五百四十年にわたって続いた高取城は廃城となった。三月二十六日から二十七日にかけて建造物の入札が行われ、門、屋敷、櫓などが移築されていった。しかし、売却されたものの解体と運搬の手間がかかることから放置されたものが多く、本丸や二の丸などの主要建造物は明治二十年頃まで残っており、その頃に撮影された写真が残っている。

移築された建造物は散逸し、あるいは火災で焼失するなどで失われていったが、高取町内で現存しているものがいくつかある。子嶋寺（高取町観覚寺）へ移されて山門となった二の門、石川医院（高取町下土佐）に移された藩主下屋敷門、上子島の民家へ移築された煙硝櫓である。また、永明寺（高取町森）の山門も、城内の門を移築したものと伝えられる。

▼廃城令
明治六年（一八七三）に明治政府太政官から出された通達。全国の城郭の土地建物を一部は陸軍省が軍用として残し、それ以外は大蔵省で処分するものでほとんどの城郭が廃城となり払下げ、売却、取り壊しとなった。

子嶋寺に移設された二の門。
（高取町観覚寺）

松の門は、明治二十五年に土佐尋常小学校（のちの高取小学校）の校門として移築されたが、昭和十九年（一九四四）の火災で門の一部が類焼した。焼け残った門の材木を使って復元された松の門は、現在、高取児童公園（高取町下子島）に設置されている。

移築されずに残った建造物は朽ち果てていき、石垣のみとなった高取城の郭内は、木が生い茂って荒廃していった。戦後になって全国的に城郭の価値が見直されるようになると、高取城も石垣の整備が徐々に行われていき、昭和二十八年、国の史跡に指定された。

明治初期に撮影された高取城（個人蔵）

これも高取

俳人　阿波野青畝

明治三十二年（一八九九）、高取町上子島に生まれた阿波野青畝は、幼い頃、耳の病気で左耳が難聴であった。そのせいで、奈良県立畝傍中学校時代には、先の進学を諦め、読書や句作にのめり込む毎日であった。郡山中学の教諭をしていた「ホトトギス」の同人原田浜人に俳句の指導を受け、大正六年（一九一七）、十八歳の時に、大和郡山へ来遊した高浜虚子と出会い師事した。

阿波野青畝（個人蔵）

コンプレックスだった難聴は、虚子に励まされたこともあり、青畝の俳句にほかにない哀歓を漂わせるようになり、叙情性あふれる作品を多く生み出した。

大正十三年（一九二四）に「ホトトギス」の選者となり、昭和四年（一九二九）、奈良県の俳人たちとともに『かつらぎ』を創刊し主宰となった。青畝は水原秋桜子・山口誓子・高野素十と並んで「ホトトギスの四S」と称された。

青畝の代表作で、奈良県葛城山で詠まれた句は、

葛城の山懐に寝釈迦かな

高取を読んだ句は、

虫の灯に読み昂ぶりぬ耳しひ児
供諸眼耳鼻舌身意も無しと
満山のつぼみのまゝの躑躅かな
飯にせむ梅も亭午となりにけり

など多数あり、町内のゆかりの地に句碑が建てられている。

阿波野青畝の直筆

全国を廻って句作に励み、自身の句集を数多く出版した青畝は、昭和四十八年（一九七三）、句集『甲子園』で、俳句界で最も権威のある蛇笏賞を受賞した。二年後には、瑞宝章を受章し、俳人協会関西支部長を務めた。平成四年（一九九二）、句集『西湖』で日本詩歌文学館賞を受賞し、同年十二月、九十三歳で没した。

高取町上土佐に、個人が収集展示している青畝文学館（土佐街懐古館）があり、直筆の短冊やゆかりの品を見ることができる。

青畝文学館（土佐街懐古館）の問い合わせ
〇七四四・五二・一一五〇（高取町観光案内所「夢創舘」）
最寄駅　近鉄吉野線壺阪口駅

これも高取

宮本延寿堂と奈良県初のエレベーター

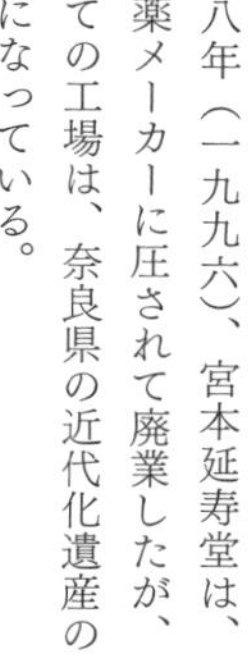

宮本延寿堂の薬の看板

薬の町として、長い歴史を誇る高取町。江戸時代、「大和の置き薬」として親しまれ、全国を行商して歩いた。明治、大正期をへて製薬業も近代化し、昭和三十五年（一九六〇）の統計では、三十四の製薬業者と、二百十七の売薬業者があった。

清水谷地区にある宮本延寿堂は、明治三十七年（一九〇四）の創業。町内有数の製薬会社として、動機・息切れに効く「六神丸」を中心に発展した。

大正三年から十一年には、県内で初めてのエレベーター付きの二階建ての工場を建設した。エレベーターはドイツ製で、一階で製造された丸薬・頓服を屋上へ運び上げ、屋根で天日乾燥をさせた。木造建築のエレベーター棟は、高さ約九メートルで、屋根の形は欧風で、当時、最新式かつモダンな工場は、人目を引いたことだろう。後から増築された平屋部分には、ボイラー室が設けられ、湯を沸かして全館を暖房するようになっており、これも当時の最新システムであった。

平成八年（一九九六）、宮本延寿堂は、大手製薬メーカーに圧されて廃業したが、二階建ての工場は、奈良県の近代化遺産のひとつになっている。

宮本延寿堂のエレベーター付きの工場（高取町清水町）

エピローグ

今も続く藩の姿

高取藩が明治二年（一八六九）の版籍奉還、廃藩置県で廃藩となり高取県が設置されると、最後の藩主十四代家壺は高取藩知事を免職となり明治二十年頃から高取で過ごした。家壺の嫡男家治は昭和三十三年（一九五八）から高取町長として旧領地を治め、高取城の保存調査にも尽力した。家治の三男家忠もまた高取町長となり令和二年（二〇二〇）まで務めた。このように、廃藩後も植村家と住民とが支配者と被支配者の枠を越えて現代まで続いている。このような地は他に累をみない。

昭和になって高取町は全国の地方自治体の例に洩れず、衰退の一途を辿った。平成二十年（二〇〇八）には町の財政状況は「赤字再建団体」一歩手前となった。藩政時代からの遺産である高取城、町並みが残る城下町、西国三三カ所のひとつである壺阪寺、天皇陵、古墳など観光資源は多いにも関わらず、隣接する明日香村の陰になり観光客は城へ登るハイカー程度。町の衰退を食い止め活性化し観光客を呼び込もうと立ち上がったのは住民たちであった。

テーマは「共助」。シニア世代の住民が協力し合ってイベントを運営することで、引き籠りがちな高齢者を表舞台へ引っ張り出しコミュニティを作ろうという。単なる観光振興ではなく、歴史遺産を生かした住民のおもてなし、事業を通じた住民同士あるいは住民と観光客の交流。シニア世代が主役のまちづくりである。家に眠っていた雛人形を各自の玄関先に飾り、城下町を散策しながら巡ってもらう「町家の雛めぐり」は、そのようなシニア世代の住民の手によって平成十九年に始まり、延べ三千人がボランティアで運営に関わった。近年では開催期間の三月一日から三十一日までの一カ月間に、約五万人近い観光客が訪れる。

この共助の精神は、高取藩時代から培われてきたのではないか。地方へ行商に出かけていた薬売りの精神である。製薬や配置薬は、明治維新で失業した武士たちの生業となり引き継がれてきた。行商人たちは長い旅路の中で互いに助け合い不正を戒めてきた。植村家長の時代から培われてきた、人材教育と学問への飽くなき探求心は、質素勤勉を謳う藩校の精神へ繋がり、共助と相まって今の高取を創っている。

植村家一家で藩政時代を過ごしてきたことも大きい。寛永十七年（一六四〇）に植村家政が高取藩へ入封して以来、現在まで実に三八三年、高取は植村家とともにあった。それは今後も変わらず続いていくであろう。先年まで町長を務めていた植村家忠氏を、住民は気軽に、そして敬意を込めてこう呼ぶ。「お殿様」と。

あとがき

高取藩と聞いて、多くの人が真っ先に思い浮かべるのはお城であろう。筆者が高取町を訪れるのも、春秋に城へ登る時くらいであった。では、お城以外に何があるのと多くの人が思うことであろう。本書は、それに答えるために書いたといっていい。

私が高取町で野村幸治氏と知り合ったのは、平成十五年（二〇〇三）と記憶している。野村氏は、衰退する高取の町の活性化を目指して奮闘しておられた。その後、「天の川実行委員会」、NPO法人「住民の力」を立ち上げ、高齢の住民を引っ張りだし町家の雛めぐりを開催し、それは年々規模を拡大して盛況となっている。この間、『高取・町家の雛物語』を出版し、また三万五六七九個のアルミ缶で高取城天守を作り上げた。アルミ缶を使ったオブジェでは世界一となりギネスに記録認定された。これ以外にも野村氏が先頭に立って取り組まれた事業は数知れない。じっとしていない人、というのが今も変わらない氏の印象である。

『刈谷藩』を上梓後、もう一度書かないかと菊地泰博社長からお話を頂き、刈谷藩でかなり苦労したにも関わらず安易に了承の返事をし、今度は地元奈良県の藩を考え、野村氏の奮闘に感化されたこともあって高取藩に取り組むことにした。しかし、書いている途中、私事でさまざまなことがあって心身が不調になり、一時は新聞や本を読んでも内容が理解できず、文章を書くこともできない状態に陥った。そんな状態で何とか仕上げた初稿はとても読めるような内容ではなかった。しばらく投げ出し通院生活を送っていたが、別の原稿依頼があり、それにぼちぼちと取り組んできたことと、病院の先生の親身な励ましのおかげで、徐々に調子が戻ってきた。引き受けてから約七年、ようやくここに上梓でき安堵している。この間、とにかく待ち続けてくださった菊地社長には感謝しかない。

高取では多くの方にお世話になった。初期に取材をさせていただいた方々には、一体いつになったらできるんだと思ったかたも多いのではないか。最も残念なことは、本の完成を楽しみにしてくださっていた植村家忠氏が令和二年（二〇二〇）に亡くなられたことである。不徳の致すところであり、これをもってお詫びと御礼とするしかない。そして現代書館菊地泰博社長、校正の労を取ってくださったスタッフの皆さまにも御礼を申し上げるとともに、高取の今後の繁栄を祈念して筆を擱く。

令和五年十月

参考引用文献

青木滋一『奈良県気象災害史』（養徳社、一九五六年）

青山茂『壺阪寺』（南法華寺、大和歴史教育センター、二〇〇三年）

秋里籬島著・原田幹校訂『大和名所図会』（日本資料刊行会、一九七六年）

秋田県『秋田県史』資料明治編上（秋田県、一九六〇年）

浅見恵・安田健訳編『近世歴史資料集成第Ⅱ期第Ⅵ巻 採薬志1』（科学書院、一九九四年）

荒川羽山『増補 老農中村直三』（大空社、二〇〇〇年）

阿波野青畝監修、白夜書房編『青畝風土記』（白夜書房、一九八二年）

今井町史復刻編纂委員会編『今井町史』（今井町史復刻編纂委員会、一九七八年）

上田三平著・三浦三郎編『日本薬園史の研究』（渡辺書店、一九七二年）

植村家長・佐野義行「並鄂百絶」（国立国会図書館古典籍資料室蔵）

太田市教育委員会編『金山城と由良氏』（太田市教育委員会、一九九六年）

大伴茂『聾儒谷三山』（平凡社、一九三六年）

大淀町史編集委員会編『大淀町史』（大淀町役場、一九七三年）

小川良一『築井古城記』（丸井図書出版、一九八一年）

奥田修三「近世大和の綿作について　畿内綿作におけるその地位」（『ヒストリア』第十一号、大阪歴史学会、一九五五年）

小野利教編『南朝忠臣碑文集』（辻こう、一九二二年）

表章『観世流史参究』（檜書店、二〇〇八年）

改訂橿原市史編纂委員会編『橿原市史』本編上巻、下巻（橿原市役所、一九八七年）

柏原市史編纂委員会編『柏原市史』第三巻本編Ⅱ（柏原市役所、一九七二年）

川崎文隆『家康と伊賀越えの危難』（川崎文隆、一九八三年）

御所市史編纂委員会編『御所市史』（御所市役所、一九六五年）

小松茂美編『日本書蹟大鑑』第十八巻（講談社、一九七九年）

相模原市教育委員会教育局生涯学習部博物館編『津久井町史』通史編（相模原市、二〇一五年）

島本一編『高取藩風俗問状答』（大和國史會、一九三九年）

白井伊佐牟「巨勢利和編纂の『巨勢系図』について」（『藝林』第四十六巻第四号、一九九七年）

宗田一『日本の名薬』（八坂書房、一九九三年）

曽爾村史編集委員会編『曽爾村史』（曽爾村役場、一九七二年）

高市郡教育会編『高市郡神社誌』（名著出版、一九七一年）

高市郡役所編『高市郡寺院誌』（名著出版、一九七一年）

高市郡役所編『奈良縣高市郡志料』（名著出版、一九七一年）

高田徹・谷本進編『大和高取城』（城郭談話会、二〇〇一年）

高取町史編纂委員会事務局編『高取町史』（高取町教育委員会、一九九二年）

髙橋京子『森野藤助賽郭真写「松山本草」』（大阪大学出版会、二〇一四年）

大日本農会『大日本農会成蹟書』（大日本農会、一八九五年）

谷山正道『近世民衆運動の展開』（高科書店、一九九四年）

谷山正道『民衆運動からみる幕末維新』（清文堂出版、二〇一七年）

田原本町史編さん委員会編『田原本町史』史料編第二巻（田原本町役場、一九八六年）

津久井町史編集委員会編『津久井町史』史料編近世一（津久井町、二〇〇四年）

土井実・池田源太・池田末則編『大宇陀町史』（大宇陀町史刊行会、一九五九年）

東京大学史料編纂所編『大日本史料』第十二編之十六（東京大学出版会、一九九六年）

吐田勝義『王事盡忠の名蹟大和高取城研究』（太陽社、一九三六年）

内国勧業博覧会事務局『明治十年内国勧業博覧会賞牌褒状授与人名録』（内国勧業博覧会事務局、一八七九年）

内国勧業博覧会事務局『第二回内国勧業博覧会褒賞授与人名表』上（内国勧業博覧会事務局、一八八一年）

長尾薫・山田正監修『橿原神宮史』巻一（橿原神宮庁、一九八一年）

中九兵衛『甚兵衛と大和川』（中九兵衛、二〇〇〇

四年）
中山太郎『校註 諸国風俗問状答』（東洋堂、一九四二年）
奈良県庁文書「高取城郭内地所建物調」（奈良県立図書情報館蔵、一八七五年）
奈良県庁文書「故中村直三一件」「故中村直三建碑一件」（農商課、一八八二〜八四年、奈良県立図書情報館蔵）
奈良県編『大和人物志』（奈良県庁、一九〇九年）
奈良県教育委員会編『奈良県の近代化遺産—奈良県近代化遺産総合調査報告書』（奈良県教育委員会、二〇一四年）
奈良県高市郡教育会編『三山谷先生遺稿』（奈良県高市郡教育会、一九一七年）
奈良県薬業史編さん審議会編『奈良県薬業史』史料編・通史編（奈良県薬業連合会、一九八八〜九一年）
奈良県立同和問題関係史料センター編『奈良の被差別民衆史』（奈良県教育委員会、二〇〇一年）
西内成郷『橿原神宮御祭神記竝御由緒記』（橿原神宮、一九〇六年）
農商務省農務課編纂課編『農務顛末』第一巻（農林省、一九五二年）
農商務省博覧会掛『明治十四年第二回内国勧業博覧会報告書』（農商務省博覧会掛、一八八三年）
農村漁村文化協会『日本農書全集』第六十一巻（農村漁村文化協会、一九九四年）
農務局『米麦大豆煙草菜種共進会報告』（農務局、一八八三年）
平井良朋『高取町・越智氏と光雲禅寺』（越智山光雲禅寺 関俊道、一九九三年）
平川了大『妙好人大和の清九郎』（法蔵館、一九八六年）
福田耕平「和州高取城主植村家記」（奈良県立図書情報館蔵）
舟久保藍『実録天誅組の変』（淡交社、二〇一三年）
ふるさとを学ぶつどい編『古里高取』二号（ふるさとを学ぶつどい、一九九二年）
ふるさとを学ぶつどい編『古里高取』三号（ふるさとを学ぶつどい、二〇一四年）
堀田正敦編『寛政重修諸家譜』第三〜二十（続群書類従完成会、一九六四〜六六年）
掘井義治『伝記谷三山』（谷三山百年祭記念事業推進会、一九六六年）
松崎慊堂著・松崎健五郎編『慊堂遺文』上（松崎健五郎、一九〇一年）
松島博「本草家植村政勝と森野薬園の研究」（『三重県立大学研究年報』第五巻第三号、一九六七年）
水原民造『中村直三農功之碑』（山根兵蔵、一八九二年）
三好信浩『増補　日本農業教育成立史の研究』（風間書房、二〇一二年）
村田路人・髙橋京子監修、松永和浩・東野将伸他編『大和国宇陀郡松山町森野家文書森野吉野葛本舗・吉野旧薬園伝来史料1』（大阪大学適塾記念センター、二〇一六年）
本居宣長著・尾崎知光編『菅笠日記』（勉誠社、一九八二年）
森嘉兵衛・原田伴彦・青木虹二編『日本庶民生活史料集成』（三一書房、一九六八年）
森田五一編『大和木綿仝組合沿革史』（森田五一、一八八八年）
森田峠編『青畝俳句三六五日』（梅里書房、一九九八年）
柳田國男校訂『紀行文集』（博文館、一九三〇年）
山内昭『和州高取城誌』（私家版、一九九八年）
大和国史会編『大和志』一〜三（吉川弘文館、一九八二年）
吉田弘「植村左平次政勝採薬行—植村家関係資料をひもとく」（『東京家政大学博物館紀要』第十四集、二〇〇九年）
渡辺嘉造伊『上州の戦国大名 横瀬・由良一族』（りん書房、一九九五年）

協力者（敬称略）

高取町教育委員会
高取町観光ボランティアガイドの会
奈良県立図書情報館
土佐街懐古館
妙好人　大和清九郎会館
宗泉寺
如来寺
光雲寺
壺阪寺
野村幸治
梅本純博
古川重子
宮本佳胤

舟久保藍（ふなくぼ・あい）

昭和四十七年（一九七二）生まれ。奈良県在住。歴史研究家。

著書に『実録天誅組の変』（淡交社）、シリーズ藩物語『刈谷藩』（現代書館）、『天誅組の変』（中央公論新書）他。

シリーズ藩物語 高取藩

二〇二三年十一月三十日 第一版第一刷発行

著者――舟久保藍

発行者――菊地泰博

発行所――株式会社 現代書館

東京都千代田区飯田橋三―二―五 郵便番号 102-0072 http://www.gendaishokan.co.jp/

電話 03-3221-1321 FAX 03-3262-5906 振替 00120-3-83725

組版――デザイン・編集室 エディット

装丁――伊藤滋章（基本デザイン・中山銀士）

印刷――平河工業社（本文）東光印刷所（カバー・表紙・見返し・帯）

製本――鶴亀製本

編集――加唐亜紀

編集協力――黒澤 務

校正協力――高梨恵一

©2023 Printed in Japan ISBN978-4-7684-7164-7

●定価はカバーに表示してあります。乱丁・落丁本はお取り替えいたします。

●本書の一部あるいは全部を無断で利用（コピー等）することは、著作権法上の例外を除き禁じられています。但し、視覚障害その他の理由で活字のままでこの本を利用出来ない人のために、営利を目的とする場合を除き、「録音図書」「点字図書」「拡大写本」の製作を認めます。その際は事前に当社までご連絡下さい。

江戸末期の各藩

松前、**八戸**、七戸、黒石、**弘前**、**盛岡**、**一関**、**秋田**、亀田、本荘、秋田新田、仙台、松山、**新庄**、**庄内**、天童、長瀞、**山形**、上山、**米沢**、米沢新田、相馬、福島、**二本松**、**三春**、**会津**、**守山**、棚倉、平、湯長谷、泉、**村上**、黒川、三日市、**新発田**、村松、三根山、与板、**長岡**、椎谷、**高田**、糸魚川、松岡、笠間、宍戸、**水戸**、下館、結城、**古河**、下妻、府中、土浦、麻生、谷田部、牛久、大田原、黒羽、烏山、喜連川、**宇都宮・高徳**、**壬生**、吹上、**足利**、佐野、関宿、高岡、佐倉、小見川、多古、一宮、**生実**、鶴牧、久留里、大多喜、請西、飯野、佐貫、勝山、館山、岩槻、忍、岡部、**川越**、沼田、前橋、**伊勢崎**、館林、高崎、吉井、小幡、安中、七日市、飯山、須坂、**松代**、**上田**、**小諸**、岩村田、田野口、**松本**、諏訪、**高遠**、飯田、金沢、荻野山中、**小田原**、**沼津**、小島、田中、掛川、**相良**、横須賀、浜松、富山、加賀、**大聖寺**、郡上、高富、苗木、岩村、加納、大垣、高須、今尾、犬山、挙母、**岡崎**、西大平、西尾、**三河吉田**、**田原**、大垣新田、尾張、**刈谷**、西端、長島、**桑名**、神戸、菰野、亀山、津、久居、鳥羽、宮川、彦根、大溝、山上、西大路、三上、膳所、水口、丸岡、勝山、大野、**福井**、鯖江、**敦賀**、小浜、**淀**、新宮、田辺、紀州、峯山、宮津、田辺、綾部、山家、園部、亀山、福知山、柳生、柳本、芝村、郡山、小泉、櫛羅、**高取**、高槻、麻田、丹南、狭山、岸和田、伯太、豊岡、出石、柏原、篠山、尼崎、三田、三草、明石、小野、姫路、林田、安志、龍野、山崎、三日月、赤穂、鳥取、若桜、鹿野、**津山**、勝山、新見、岡山、庭瀬、足守、**岡田**、岡山新田、浅尾、備中松山、**鴨方**、**福山**、**広島**、広島新田、高松、丸亀、多度津、西条、小松、今治、松山、**大洲・新谷**、**伊予吉田**、**宇和島**、徳島、**土佐**、土佐新田、**松江**、広瀬、母里、浜田、津和野、岩国、徳山、長州、長府、清末、小倉、小倉新田、**福岡**、**秋月**、**久留米**、柳河、**三池**、蓮池、唐津、**佐賀**、**小城**、鹿島、大村、島原、平戸、平戸新田、**中津**、杵築、日出、**府内**、臼杵、**佐伯**、森、**岡**、熊本、熊本新田、宇土、人吉、延岡、高鍋、佐土原、飫肥、薩摩、対馬、五島（各藩名は版籍奉還時を基準とし、藩主家名ではなく、地名で統一した） **★太字は既刊**

シリーズ藩物語・別巻『白河藩』（植村美洋著、一六〇〇円＋税）

シリーズ藩物語・別冊『それぞれの戊辰戦争』（佐藤竜一著、一六〇〇円＋税）

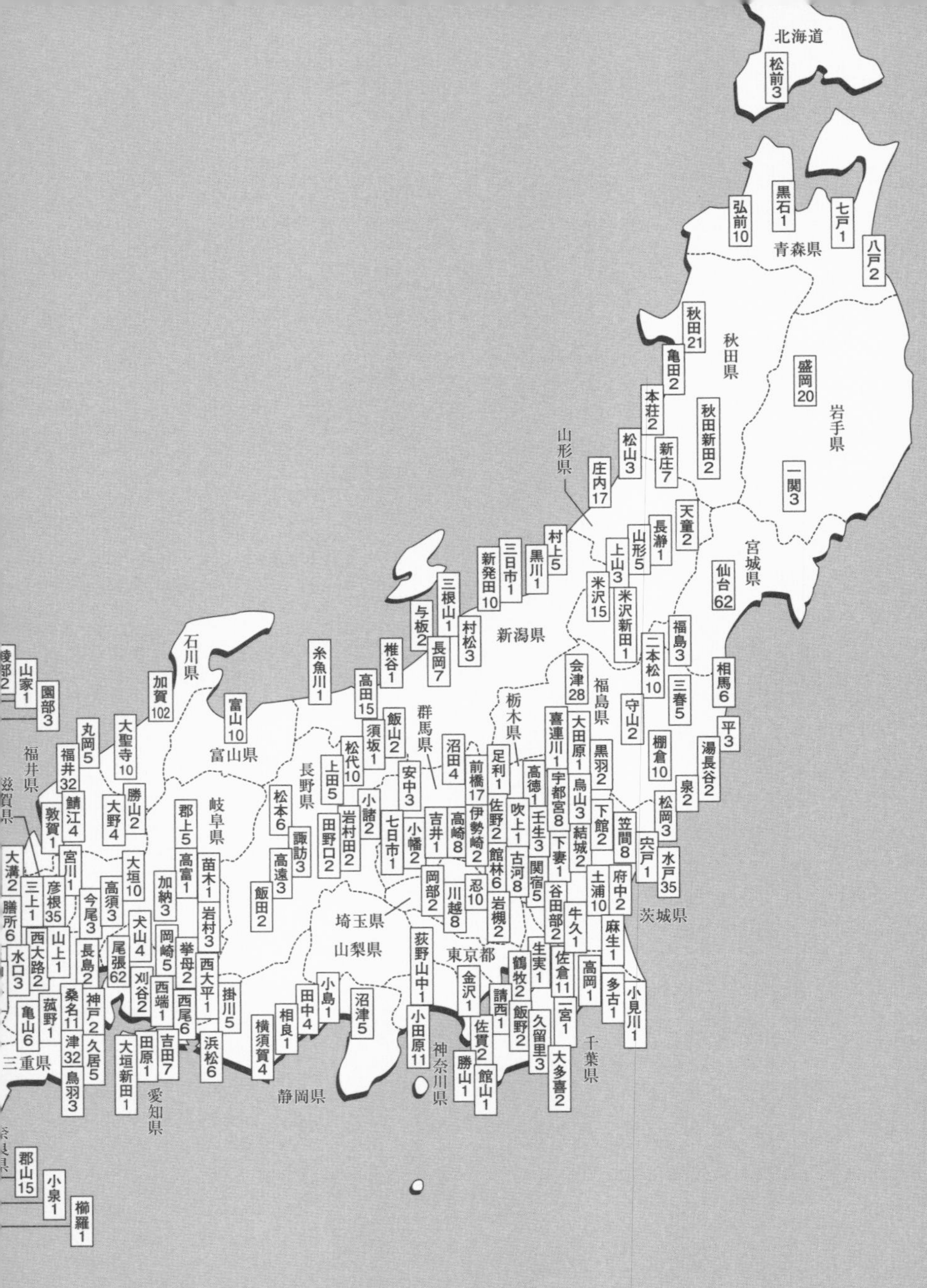

江戸末期の各藩
（数字は万石。万石以下は四捨五入）